CÓMO UTILIZAR EL PODER DE LO ALTO

"Muerte y Vida Están Bajo el
Poder de la Lengua."
(Proverbios 18:21)

"Vosotros sois de abajo,
Yo soy de arriba"
(Juan 8:23)

"Yo os aseguro: si vuestra fe fuese del tamaño de un grano de mostaza, diríais a la montaña: 'Muévete,' y la montaña se movería, y nada os resultaría imposible." (Mateo 17:20)

CÓMO UTILIZAR EL PODER DE LO ALTO

"Muerte y Vida Están Bajo el Poder de la Lengua."

(Proverbios 18:21)

Escrito Por

JUAN J. CARCACHE

INTER MIRIFICA MEDIA, INC.

INTER MIRIFICA MEDIA, INC.

© 2017 – Juan J. Carcache
© 2020 – Inter Mirifica Media, Inc.

Primera Impresión: 2017
Segunda Impresión: 2020

Publicado Por:
Inter Mirifica Media, Inc., Hollywood, Florida
Impreso en los Estados Unidos de América.

Paperback ISBN: 978-1-64436-020-0

E-book ISBN: 978-1-64436-021-7

Las citas provienen de varias versiones bíblicas en Español y de
traducciones o parafrases de versiones en Ingles, incluyendo:
   Biblia de Jerusalén, Revisada y Aumentada, 2013.
   La Biblia Latinoamericana, 2005.
   La Biblia, Traduccion en Lenguaje Actual, 2004.
   Sagrada Biblia, Dios Habla Hoy, 1979.
   La Biblia, Libro del Pueblo de Dios, 2015.
   The New English Bible with the Apocrypha, 1972.
   The Holy Bible, Revised Standard Version, 2015.
   Holy Bible, Douay Rheims, 1952.
   Holy Bible, King James, 2003.
   Holy Bible, New Living Translation, 2007.

DEDICATORIA

DEDICO ESTE libro a mi hijo, John David, de cuyos labios saqué el título que he usado en la portada. Que el Buen Dios te bendiga, hijo mío, revelándote plenamente a tí lo que tu pregunta me ha ido revelando a mí a través de los años.

También quiero dedicar esta obra a mi esposa, Piedad, pues siempre ha creído y aceptado los dones y en el llamado de Dios sobre nuestras vidas. Le doy las gracias por su paciencia durante tantas horas de estudio, preparación y ministerio para buscar en el Tesoro de Dios "cosas nuevas y viejas." (Mateo 13: 51-52)

Gracias a la Iglesia San Esteban Protomártir en Miramar, Florida; en especial al Padre Alejandro Roque, O.M.I., ya en la casa de Dios Padre. Él era mi director espiritual y quien ayudó a discernir e impulsar el Ministerio de Sanación y Liberación que el Buen Dios me ha encomendado.

Gracias a nuestro párroco actual, el Padre Patrick Charles, quien continúa ese apoyo al ministerio.

Gracias también a todo el equipo que ha servido y viajado conmigo desde el principio, y a todas las personas que nos han abierto sus puertas y corazones para recibir, junto con nosotros, a la presencia y bendición de Dios.

Juan J. Carcache

Contents

Capítulo 1

EL PODER DE LAS PALABRAS

MI PRIMER perro fue un Pastor Alemán. Lo adoptamos después que un auto lo atropellara y le rompiera la cadera y las piernas traseras. En aquél entonces yo estaba en la Universidad. Mi primera esposa, Marian, y yo pusimos jarritas con fotos del perro para recolectar dinero con el que pagar su operación. El Departamento de Veterinaria de la Universidad nos ayudó usando la operación en sus clases de cirugía y solamente nos cobraron por su estancia en la clínica.

Al perro lo llamamos Laopé (una expresión panameña que significa "pela'o" ... dicho al revés). El nombre parecía muy apropiado porque al perro lo pelaron desde el pecho hacia atrás para poder operarlo. Sin embargo, después de un par de años lo empezamos a llamar Bob-Tail Pete

("Pedrito-Cola-Corta"), por un amigo que lo llamaba así, aunque su cola era de tamaño normal.

Durante los meses posteriores a su accidente y operación, le tuvimos que enseñar a caminar y él tuvo que superar numerosas pruebas.

A medida que Laopé fue envejeciendo, le salieron unos quistes cancerosos en la cola. El veterinario los examinó y dijo que había que amputar.

Al oír eso, me fui a la iglesia y pedí a Dios que por favor lo curara porque ya había sufrido mucho toda la vida por la operación y su parcial falta de movilidad. Amputarle parte de su cuerpo sería muy severo para él a esa edad.

Nunca hubiese imaginado lo que me esperaba en la iglesia, durante mi oración escuché internamente la voz del Señor. Lo que me dijo abrió mis ojos y cambió mi vida y mi manera de hablar para siempre:

"Tu perro va a perder la cola a consecuencia de tus propias palabras. Toda su vida lo has llamado "Pedrito Cola Corta." Para que tu perro no pierda su cola, tendrías que revertir las palabras que has proclamado durante casi toda su vida."

Mi alma sintió emociones opuestas. En primer lugar, la tristeza al darme cuenta de que yo había tenido algo que ver en la enfermedad del perro dándole un sobrenombre tan tonto. En segundo lugar, y mucho mayor que ese sentimiento de culpabilidad, fue la alegría de descubrir una esperanza de poder revertir el pronóstico. Pero tenía un problema... quedaba menos de una semana para la operación y para cambiar todo lo que había proclamado durante años con mis palabras tontas e ignorantes.

Corrí y hablé con mi esposa y le conté lo que el Señor me había dicho. Qué sorpresa la mía al ver que ella no compartía mi alegría, ni mucho menos, mi esperanza.

Ella veía la realidad palpable ante nosotros. Era quien había llevado al perro al veterinario cuando le hicieron los análisis. Quien había recibido el veredicto del cáncer. Quien había concertado la cita para que le cortaran la cola. Ella estaba segura de haber oído lo que había dicho el veterinario, pero no estaba segura de que yo hubiera oído lo que había dicho Dios. Más bien debía creer que me estaba volviendo un fanático loco y que quizás ya no debería confiar en mí.

Día tras día yo insistía que el perro no iba a perder su cola. Mi esposa me escuchaba con lástima o se retiraba a llorar su desesperanza. Una y otra vez me repetía que los análisis ya habían sido realizados y que lo único que faltaba era cortar la cola.

Cada una de mis palabras parecía rebotar contra una realidad palpable y evidente. Los quistes de cáncer estaban allí gritando su realidad, mientras que yo trataba de esclarecer en mi mente lo que Dios me había revelado. Sin embargo, me sentía incapaz de hablar. Mi mente luchaba contra aquello que mi corazón creía y quería proclamar. Mi cabeza me decía que era una locura, aunque en mi corazón sentía que todo era verdad.

Mi esposa y yo teníamos la costumbre de salir los jueves con el coche a dar una vuelta por el campo a las afueras de la ciudad y siempre nos llevábamos al perro. Pasábamos por McDonald's y comprábamos una hamburguesa para cada uno – Laopé incluido.

Ese jueves, cuando regresábamos de nuestro paseo, mi esposa dijo de repente: "Paremos en la consulta del veterinario para ver si todo está listo para la operación de mañana".

Cuando llegamos a la clínica y hablamos con el veterinario lo notamos un poco incómodo. Todo estaba listo para la operación, sin embargo, él estaba intranquilo. Entonces dijo: "Conozco a este perro desde que era un cachorro, desde que yo era profesor de Veterinaria y lo operamos en la Universidad. Ya ha pasado por varias operaciones y hacer algo tan dramático a estas alturas me llena de angustia. Me gustaría volver a hacerle todos los análisis para convencernos de que realmente no tenemos otra alternativa."

Como ya deben imaginar, los nuevos exámenes resultaron negativos y Laopé siguió "vivito y coleando" durante el resto de sus días. ¡Gloria a Dios!

Yo por mi parte aprendí que nuestras palabras tienen poder, tanto para hacer el mal (como al que yo había contribuido) como para hacer el bien (como el Buen Dios me estaba enseñando).

EL CONDE DRÁCULA ME AYUDA A ENSEÑAR A MI HIJO

Años después, entre 1992 y 1993, estuve trabajando en Florida. Una vez al mes, iba a Alabama a pasar una semana con mi familia y luego regresaba al trabajo.

Cuando estaba fuera de Alabama, una joven pareja visitaba a mi esposa e hijo con regularidad. Traían películas clásicas que alquilaban en la tienda de videos. La pareja era muy agradable, pero sus películas favoritas eran películas de terror. Sus actores preferidos eran verdaderas estrellas del cine: Boris Karloff, Bela Lugosi, Vincent Price, Peter Cushing, Christopher Lee, etc.

Aunque la mayoría de ellas eran excelentes películas clásicas de terror y 'cine noir,' ciertamente, no eran recomendables para un niño de cinco o seis años.

A medida que pasaban los meses, mi hijo, John David, fue desarrollando miedo a la oscuridad.

En uno de mis viajes de regreso, prolongué mi estancia para poder transformar el ático de nuestra casa en un cuarto de juegos para John David. El subía a acompañarme mientras yo terminaba las paredes inclinadas del ático e iba transformando ese espacio oscuro en un cuarto más alegre e interesante para él. Tenía que aprovechar mi tiempo al máximo y trabajaba día y noche.

Una de esas noches, John David, que se encontraba a mi lado, me preguntó:

- "Papá, ¿qué harías si mientras estas trabajando solo aquí en el ático, Drácula se te apareciera en el cuarto?"

- "Hijo," le contesté sorprendido por su pregunta, "Si Drácula apareciese en este cuarto cuando yo estoy aquí, él no sabría por qué ventana salir corriendo porque yo *TENGO PODER DE LO ALTO.*"

John David parecía que nunca hubiese imaginado tal respuesta. Sus ojos se abrieron. Estaba impresionado. Yo no tenía estacas para clavar en el corazón de Drácula, ni cruces, ni balas de plata, ni nada de lo que se veía en las películas. Pero no era la primera vez que me escuchaba decir, "Yo tengo poder de lo alto." Ésa había sido una de mis proclamaciones favoritas durante mucho tiempo.

Un par de noches antes de regresar a Florida estaba sentado en la sala viendo televisión cuando John David se acercó y me preguntó:

- "Papá, ¿cómo se usa el poder de lo alto?"

- "¿Cómo?" Contesté sorprendido por tal pregunta mientras mi mente se afanaba en encontrar una respuesta.

- "¿Cómo se usa el poder de lo alto?

- "Con la boca. ¡Tienes que hablar!" Le respondí, descubriendo yo mismo la respuesta. "El poder se usa hablando. ¡Tienes que decir lo que crees para que se cumpla!"

John David se fue de la sala pensativo, repasando mi respuesta. Mientras, yo continué viendo la televisión y agradeciendo al Espíritu Santo por la magnífica pregunta de mi hijo y por la respuesta que Él puso en mis labios en ese momento. Tanto él como yo habíamos aprendido algo.

Un instante después, oí un grito en el otro cuarto y oí a mi hijo empezar a correr mientras gritaba:

"Yoooo tengooo podeeer de looo aaalllltoooo."

Al poco tiempo, John David regresó corriendo y jadeando hasta donde yo estaba sentado viendo televisión y se me tiró encima con su peluche en la mano. Parece ser que el peluche estaba guardado en el armario y él tenía miedo a cruzar el cuarto oscuro y abrir el armario. Sin embargo, con su grito pudo vencer el miedo y coger su amiguito sin problema.

¡Gloria a Dios que puede usar hasta a Drácula para enseñarnos a todos una gran lección!

Capítulo 2:

LA PALABRA COMO SEMILLA

NUESTRAS PALABRAS, al igual que las palabras de Dios, tienen poder. Si lográramos comprender esta verdad, esto sería más valioso para nosotros que si recibiésemos una gran herencia.

De hecho, el poder de nuestras palabras es la herencia espiritual que ya hemos recibido todos porque fuimos creados a imagen y semejanza de Dios. No saber utilizar esa herencia equivale a no saber sacar nuestro dinero del banco.

PALABRAS SUSTANCIALES

Desde el comienzo de la creación, Dios ha utilizado la palabra para expresar y transmitir su voluntad.

"Dijo Dios: 'Haya luz,' y hubo luz." (Génesis 1:3)

San Juan de la Cruz decía que las palabras de Dios son "palabras sustanciales," es decir, palabras que traen consigo la sustancia o esencia de lo que dicen. Las palabras sustanciales llevan en su sentido implícito la semilla de lo que proclaman.

Jesús utilizó la metáfora de la semilla cuando habló de cómo la palabra de Dios se adentra en el corazón de los hombres.

En dicha parábola, Jesús describía los diferentes terrenos en los que caía la semilla: a la orilla del camino, sobre piedras, entre espinas, o en terreno bien arado. El poder de la semilla era el mismo no importa donde cayere.

Cuando Jesús terminó de narrar su parábola, ni sus mismos discípulos habían entendido el sentido de sus palabras. Entendían los símbolos, pero no su significado. Decidieron preguntarle qué era lo que había querido decir. Jesús, sorprendido por su falta de entendimiento, les respondió:

"¿No entendéis esta parábola? ¿Cómo vais entonces a entender las demás parábolas?" (Marcos 4:13)

Conocer cómo hacer que germine la semilla en el corazón del hombre es tan importante que el mismo Jesús dice que si no entendemos esto, no entenderemos nada. O, dicho de otro modo: no sabremos cómo interpretar la palabra de Dios para que la sustancia de esta transforme nuestras vidas.

Jesús explicó la parábola y dijo claramente a sus discípulos:

"El sembrador siembra la palabra. Las semillas que caen junto al camino prenden en algunos hombres, pero enseguida viene Satanás y arrebata esa semilla de los corazones en los que había empezado a germinar."
(Marcos 4:14-15)

"El sembrador siembra la palabra". Este pasaje revela el principio fundamental de nuestra realidad espiritual. Aunque no seamos conscientes, siempre estamos inmersos en una continua batalla espiritual. Hay quien siembra y hay quien trata de robar esa semilla.

Por una parte, Dios nos da el secreto para una vida plena:

"Las palabras que Yo os he transmitido son Espíritu y son Vida." (Juan 6:63)

Por otra parte, Satanás hace todo lo posible por arrebatarnos esa palabra pues sabe que sólo la palabra de Dios puede dar vida, y vida plena.

En algunas de mis charlas pregunto al público cuántos han leído la Biblia completa. Como máximo, un 20% de los presentes levantan la mano. Luego vuelvo a preguntar cuántos la han leído más de una vez. El porcentaje baja drásticamente. Por último, pregunto cuántas personas de las presentes han decidido no leer la Biblia nunca por el resto de sus vidas. La audiencia generalmente se sorprende y nadie quiere levantar la mano. Entonces, para hacerles tomar conciencia, les digo algo así: "Imagino que entre la funeraria y la llegada al cielo muchas almas irán preparando sus excusas para disculparse ante Dios por no haber tenido tiempo de leer o escuchar Su palabra. Les recomiendo que empiecen a preparar sus excusas desde ahora."

Espero que esa sacudida sirva para tomar conciencia de que Dios nos ha dejado por escrito el secreto de nuestra herencia y sin embargo nosotros preferimos quejarnos de lo que no tenemos antes que tomarnos un tiempo para leer y aprender cómo utilizar las herramientas que Dios nos ha dado.

La palabra de Dios es semilla. De hecho, todo lo que Dios creó, todo aquello que tiene vida propia y crece, lleva en sí mismo su semilla a través de la cual transmite vida:

"Dijo luego: 'Haga brotar la tierra hierba verde, hierba con semilla y árboles frutales cada uno según su especie con su fruto y su semilla.' Y así fue." (Génesis 1:11)

También los animales y los seres humanos llevamos semilla en nosotros y podemos procrear, multiplicarnos y llenar la tierra. Sin embargo, hay una diferencia radical entre la creación de los animales y la creación del hombre. A los animales, Dios los creó con su palabra haciéndolos brotar de la tierra:

"Dijo luego Dios: 'Brote la tierra seres animados de distintas especies, ganados, reptiles y bestias de la tierra.' Y así fue." (Génesis 1:24)

Por otro lado, nosotros fuimos creados de una manera diferente. Dios no creó al hombre como hizo con los animales. Dios formó nuestros cuerpos de la tierra a su propia imagen y semejanza. Pero la verdadera creación del hombre tuvo lugar cuando Dios sembró su propia semilla en ese cuerpo que había formado: el aliento de Su Espíritu y de Su Vida. Dios nos creó "según su especie." Desde el instante de nuestra creación Dios revela que su naturaleza está en nosotros y que nos da dominio sobre todo lo creado:

> "*Díjose entonces Dios: 'Hagamos al hombre a nuestra imagen y semejanza, para que domine…*'" *(Génesis 1:26)*

Tenemos la semilla de Dios en nosotros y en virtud de esa semilla somos seres espirituales y tenemos dominio sobre todo lo que Dios ha creado, compartiendo también la naturaleza de lo creado.

LA SEMILLA DE SATANÁS

Después de la caída del hombre, el Génesis nos habla de otro tipo de semilla: la semilla de Satanás:

> "*Pongo perpetua enemistad entre ti y la mujer y entre tu semilla y la suya. Ésta te aplastará la cabeza y tú le morderás en el talón.*" *(Génesis 3:15)*

¿Cuál es la semilla de la serpiente? Si también recibió vida de Dios, ¿puede entonces procrearse de acuerdo con esa semilla? No, no puede reproducirse porque es un ser espiritual. El hombre sólo puede reproducirse en su naturaleza humana. Jesús alude a este tema cuando dice:

"En la resurrección ni se casarán ni se darán en casamiento, sino que serán como los ángeles en el cielo." (Mateo 22:30)

Sólo Dios puede procrear seres espirituales. Sólo Él es Padre de espíritus. Es por eso por lo que los seres humanos, que compartimos la naturaleza de lo creado y transmitimos esa semilla, también compartimos la naturaleza de Dios y recibimos Su semilla, pero no la transmitimos. La escritura revela claramente que Dios es el Padre de todos los seres espirituales cuando dice:

"Hemos tenido a nuestros padres carnales que nos corregían y nosotros los respetábamos; ¿no hemos de someternos mucho más al Padre de los espíritus para alcanzar la Vida? (Hebreos 12:9)

En cuanto a la semilla de Satanás, el Génesis establece enemistad entre la semilla de la mujer y la semilla de la serpiente. Luego dice a Satanás: "tú morderás," y no "tu semilla morderá."

Satanás, estrictamente hablando, no puede procrear, no tiene descendencia natural directa. Por otro lado, no fue Eva quien aplastó la cabeza de la serpiente sino su semilla, la "nueva Eva, la Virgen María. La madre de Jesús fue quien realmente aplastó la cabeza de la serpiente con el fruto de su vientre. Fue ella quien acompaño a Jesús en su Pasión salvífica a como Eva había acompañado a Adán en su caída.

15

En la parábola de la cizaña, Jesús nos revela algo más acerca de las dos semillas que por su naturaleza siguen manteniendo esa enemistad perpetua:

"El reino de los cielos es semejante al campo del sembrador que sembró en sus tierras semilla buena. Pero mientras dormía, vino el enemigo, sembró cizaña entre el trigo y se fue. Cuando crecieron las espigas, apareció la cizaña. Acercándose los criados al amo, le dijeron: Señor, ¿no habías sembrado semilla buena en tu campo? ¿Cómo es posible, pues, que haya cizaña? Y él les contestó: Eso es obra de un enemigo." (Mateo 13:24-28)

La semilla de Satanás es la cizaña que planta con el fin de cosechar pecado y destrucción. Los hijos de Satanás son los que han concebido su naturaleza no como descendencia natural directa, sino dejándose tentar por él y habiendo concebido el pecado. Estos hijos satanizados por esa semilla del pecado se unen a él en su perpetua enemistad contra la semilla de Dios.

"Sois de vuestro padre el diablo y queréis cumplir los deseos de vuestro padre. Él siempre fue homicida desde el principio, y no se mantuvo en la verdad, porque no hay verdad en él; cuando dice la mentira, dice lo que le sale de dentro, porque es mentiroso y padre de la mentira." (Juan 8:44)

EL PLAN SATÁNICO

El "plan satánico" tiene dos estrategias fundamentales para que la palabra de Dios no de cómo resultado la vida plena que Él quiere darnos.

Como primera estrategia, Satanás ha de "arrebatar" la buena semilla que ha sido plantada en el interior de cada uno de nosotros. Mateo nos dice cómo Satanás puede llevar a cabo ese "robo":

"A quien oye la palabra del Reino y no la entiende, viene el maligno y le arrebata lo que se había sembrado en su corazón." (Mateo 13:19)

Esa palabra había caído "junto al camino," es decir, muy cerca del hombre y con posibilidades de dar fruto, pero el hombre no la supo ver, siguió su camino y llegaron "las aves" y se la comieron, así la semilla no produjo vida.

El misticismo enseña que la voluntad sigue al entendimiento. Esa enseñanza está basada en esta parábola del sembrador, en entender lo que la palabra nos dice personalmente.

Satanás y sus "aves," saben qué palabras llevarse y qué palabras dejar que crezcan. Dejan medias verdades plantadas en mentes ignorantes. Estas medias verdades son de las que se vale Satanás para que sean utilizadas fuera de contexto y en contra de Dios. Por ejemplo, personas que nunca han leído la Biblia conocen el pasaje del pecado contra el Espíritu Santo. ¿A cuánta gente ha hecho Satanás creer que han cometido el pecado imperdonable?

Satanás también ciega nuestros ojos a la luz que la Palabra nos daría.

"Si nuestro evangelio está escondido, está escondido de aquellos que están perdidos, en quienes el dios de este mundo ha cegado sus mentes a aquellos que no creen, para que la luz del glorioso evangelio de Cristo, quien es la imagen de Dios, no pueda brillar sobre ellos." (II Cor. 4:3-4)

Jesús nos ha mandado a llevar la buena nueva a todo el mundo. Él no quiere esconde la buena nueva, sino proclamarla. Jesús dijo que mientras estaba en el mundo él era la luz del mundo. Satanás nos quiere cegar a esa luz.

"La lámpara del cuerpo es el ojo. Si el ojo está sano, todo el cuerpo estará iluminado. Pero si el ojo está enfermo, todo el cuerpo estará en tinieblas. Si la luz que hay en ti se oscurece, ¡cuán grande es esa oscuridad!" (Mateo 6:22-23)

La segunda estrategia del plan Satánico es que, además de robar la semilla que Dios ha plantado, tiene también que plantar su propia semilla. Lo hizo con Adán y Eva.

Adán y Eva ya habían recibido la palabra de Dios y habían seguido el mandamiento de Dios de no comer de uno de los árboles del Paraíso. Pero la sutil serpiente empieza a sembrar dudas en la mujer y a cambiar poco a poco tanto la palabra de Dios como su interpretación:

"¿Conque Dios os ha prohibido que comáis de los árboles del paraíso? [...] No, no moriréis. Es que Dios sabe que el día que comáis sus frutos se os abrirán los ojos y seréis como Él, conocedores del bien y del mal."
(Génesis 3:1,4-5)

Con estas breves afirmaciones, Satanás arrancó y arrebató la palabra sembrada por Dios, haciendo no sólo que nuestros primeros padres dudaran de ella, y, por lo tanto, dudaran de Dios mismo. En su breve discurso, Satanás también sembró su propia semilla: es decir, su palabra en la que Adán y Eva confiaron y tuvieron fe.

Con esas poquísimas palabras, Satanás hizo que:
- dudaran de Dios y de su palabra;
- desobedecieran el mandamiento dado por Dios;
- se dieran cuenta de que estaban desnudos ya que ahora podían distinguir el bien del mal;
- se volvieran más conscientes de lo visible que de lo espiritual;

19

- se culparan el uno al otro;
- recibieran la maldición;
- la tierra fuese maldita por causa del pecado;
- perdieran su inmortalidad;
- se sometiera la mujer al hombre;
- la mujer tuviera partos dolorosos al germinar su semilla;
- el hombre se tuviera que ganar el pan con el sudor de su frente;
- que su labor diera frutos con espinas;
- fueran expulsados del Paraíso y de la presencia de Dios;
- abdicaran su dominio a Satanás.

Las palabras de la serpiente germinaron como cizaña en los corazones de Adán y Eva, y fueron las verdaderas espinas que ahogaron la semilla buena, y destruyeron sus vidas.

Este es el plan y la estrategia satánica planeada y ejecutada desde el principio contra ti y contra mí. Satanás no estaba esperando a que leyeras este libro para poder defenderte. Su cizaña ya está esparcida por todas partes. Las palabras del enemigo están bien arraigadas en el mundo en que vivimos, en nuestros niños y jóvenes… y hasta en nosotros mismos. Seguimos siendo "hombres de poca fe."

La cizaña ya está plantada en nuestras mentes y los sembradores del maligno no cesan de esparcir sus semillas, tanto a través de tentaciones espirituales como las que día a día nos bombardean a través de los medios de comunicación. Por ello debemos de someter nuestras mentes a la palabra de Dios. Nuestras mentes son el verdadero campo de batalla.

Veamos un ejemplo revelador: Hay momentos en que nos enojamos tanto con alguien que sin pensar le decimos: "Vete al infierno," o "maldito seas." De esta forma sale la cizaña que ya está en nuestro interior, por lo que hemos de cortarla par que no salga de nuestra boca y llegue a plantarse.

Una vez, estaba conversando con un soldado que acababa de recibir el bautismo en el Espíritu Santo y quería saber cómo hacer la transición de su vida de pecado a una vida de santidad. Yo sabía que el Espíritu Santo ya estaba en él y que por eso la santidad ya estaba latente en él. Su problema era el acusador que trataría de recordarle su pasado para hacerlo mirar atrás y morir en el proceso, como lo hizo con la esposa de Lot. Entonces contesté a mi amigo, "Si yo fuese Satanás, esto es lo que haría para destruirte…" y fui describiendo lo que yo consideraba que el enemigo trataría de hacer. El joven soldado no lo recibió muy bien. Era joven y se puso furioso al descubrir que alguien tenía un plan de ataque contra él. Se enojó hasta conmigo.

El plan satánico no sólo existe, sino que ya está siendo ejecutado contra nosotros tanto por agentes espirituales como por agentes humanos que llevan la semilla satánica consigo. Mientras estemos en este mundo, estaremos en el campo de batalla.

NOSOTROS SOMOS LOS SEMBRADORES

Cada día parece más difícil plantar buena semilla en buena tierra. Nuestro mundo está lleno de ruido. Es principalmente por eso que tenemos que aceptar de corazón que nosotros somos los sembradores mandados por Dios para plantar su buena semilla.

La semilla es la Palabra de Dios. Mientras esa semilla esté guardada en un costal, o sea, en una Biblia o en labios cerrados, no crecerá ni dará frutos. Tenemos que regar la palabra en todo terreno. No podemos esperar a que venga otro sembrador a plantar las semillas, ni podemos culpar a nadie por lo que no sabemos. Si queremos tener vida plena, el secreto, según San Pablo, es simple:

"Pues les digo: El que poco siembra, poco cosechará, y el que mucho siembra, mucho cosechará." (2 Corintios 9:6)

Tenemos que sembrar la palabra en abundancia y hacerlo primero en nuestras propias vidas. También tenemos que saber cuál es la semilla que debemos sembrar para no cosechar mala hierba. Tenemos que plantar semilla de lo que queremos cosechar.

Por ejemplo, ¿de qué nos sirve confesar lo que parece una

realidad irrefutable, como tener cáncer, tener que amputar, no tener dinero, quedarse sin trabajo, estar enfermo, tener dudas, o sentir miedo? Hablar de eso es plantar más mala hierba donde ya hay mala hierba y lo que queremos es transformar esa realidad con la Palabra de Dios.

Satanás sabe que la semilla que sembremos tiene que germinar, sea buena o mala, provenga de Dios, de Satanás, o de nuestra ignorancia.

Según dice la ley de Dios:

"Mientras dure la tierra, no cesarán el tiempo de semilla y tiempo de cosecha, ni cesarán frio y calor, verano e invierno, o día y noche." (Génesis 8:22)

Nosotros mismos somos los sembradores de la buena o mala semilla. Satanás, el mundo y la carne son nuestros enemigos y también enemigos de nuestras palabras. Los enemigos que con mucha astucia plantan la mala semilla en abundancia para que sea esa mala semilla lo que germine en nuestras vidas. Luchemos por sembrar generosamente buena semilla y así podremos cosechar una vida de plenitud.

La mala semilla se difunde a través del mundo y de muchas maneras corrompe nuestros labios. La realidad que percibimos a través de nuestros sentidos, que muchas veces es triste y negativa, es lo que expresamos con mucha más frecuencia de lo que expresamos la verdad en la que creemos. Satanás se lleva la buena semilla y nos ofrece la mala disfrazada de buena, bien sea en forma de chiste o expresión exagerada supuestamente "graciosa" ("corre como alma que lleva el diablo"), o bien como una canción depresiva que puede hasta llevar melodía agradable. Nosotros mismos sembramos ignorantemente esa semilla negativa en nuestros corazones y hemos llegado hasta tal punto que sentimos que estamos mintiendo cuando confesamos la verdad que Dios nos promete en su palabra.

PRIMERO HIERBA, LUEGO ESPIGA, DESPUÉS TRIGO

Los hombres fuimos creados por Dios y llevamos en nuestro interior la semilla de Dios mismo: Su aliento, Su espíritu, Su vida. En resumen: Su Palabra. Sabemos que mientras dure la tierra, el tiempo de semilla y el tiempo de cosecha no cesarán jamás:

"El Reino de Dios es como un hombre que echa el grano en la tierra: duerma o se levante, de noche o de día, el grano brota y crece, sin que él sepa cómo. La tierra da el fruto por sí misma; primero hierba, luego espiga, después trigo abundante en la espiga. Y cuando el fruto está maduro, es tiempo de cortarlo con la hoz, porque ha llegado la cosecha." (Marcos 4:26-29)

Sembramos semilla cada vez que hablamos. Preparémonos a sembrar buena semilla y durmamos tranquilos. El tiempo de cosecha tiene que llegar. La tierra en que se planta la semilla es nuestro corazón, y de nuestro corazón tiene que salir el fruto de la cosecha. Es un principio establecido por Dios. Es la verdad establecida por Dios la que puede transformar nuestra realidad.

Si no nos gusta lo que hemos cosechado hasta ahora, cambiemos de semilla. Si queremos comer maíz no podemos sembrar frijoles. Nuestras palabras han contribuido a crear la realidad en la que ahora vivimos.

Dejemos de proclamar lo que no nos gusta y proclamemos la verdad en la que creemos y esperamos, para no cosechar más y más de lo que no nos gusta.

Aprendamos a no hablar de la "realidad" sino de la "verdad" para que ésta se convierta en la realidad que buscamos. Confesemos lo que dicta nuestra fe, no lo que nos muestran las apariencias. El tiempo de cosecha tiene que llegar. Es promesa de Dios. ¡El tiempo de cosecha tiene que llegar!

Hay oraciones y canciones religiosas que yo personalmente no puedo rezar o cantar porque me parece que lanzan un mensaje equivocado.

Por ejemplo, las peticiones que terminan con la expresión "…si es tu voluntad." Esa expresión implica que la persona que está rezando no conoce la voluntad de Dios, por lo tanto, no puede estar rezando con fe, ya que la fe empieza cuando uno conoce Su voluntad acerca de algo en particular. La "fe es la sustancia de lo que no se ve y la evidencia de lo que se espera" (Hebreos 11:1) y si yo no sé cuál es la voluntad de Dios acerca de lo que estoy pidiendo, mi petición no tiene substancia y no puedo esperarla de Él. Esa oración es un deseo, no un acto de fe, y "sin fe es imposible agradar a Dios." (Hebreos 11:6). Jesús conocía la voluntad del Padre cuando oró en el huerto; oraba pare ver si la voluntad del Padre cambiaría.

Hace pocos días escuché a una señora hacer una petición acerca de un familiar enfermo y en su oración 'no tuvo pelos en la lengua.' Dijo, "Señor, sana a (un familiar) que está muy enfermo. Sánalo si es tu voluntad, y si no, por favor haz lo que tienes que hacer rápidamente." Por lo menos la señora tuvo la sensatez de bajar la voz cuando dijo la última parte. A mi modo de ver, aun sabiendo que es una observación crítica, creo que realmente estaba pidiendo que el Señor se llevara rápidamente al pariente porque ya no aguantaba verlo sufrir. Como no quería ser demasiado brusca, suavizó un poco la situación diciendo: "si es tu voluntad," pero implicando, "si no es así, has la mía rápidamente."

En cuanto a las canciones religiosas, prefiero las que se centran en Dios más que las que se centran en nosotros. Ciertamente, todas llevan buenos mensajes, pero las que se concentran en Dios nos llevan a Él.

Tenemos que cuidar nuestras palabras. Cuidar lo que cantamos es una de las maneras de hacerlo.

Capítulo 3:

LA PALABRA Y LA FE

Es asombroso ver cómo el Espíritu Santo usa hasta las situaciones más cotidianas para enseñarnos cosas nuevas. Cuando yo comenzaba mi vida carismática, el Espíritu Santo me enseño una nueva lección a través de un dolor de cabeza.

DOLOR DE CABEZA Y GRIPE

Regresaba de una conferencia en compañía de un amigo muy hablador que era quien conducía. Ya llevábamos seis horas encerrados en una pequeña y vieja camioneta, y todavía nos faltaba más de una hora de viaje.

Mi amigo venía contando sin parar una historia tras otra. Entre su charlatanería, el olor a aceite quemado de la camioneta y el cansancio del viaje me entró un dolor de cabeza que después de tantas horas se estaba volviendo insoportable.

No sabía qué hacer. Tampoco quería interrumpir el monólogo de mi amigo y decirle que buscáramos una tienda para comprar unas aspirinas para no alargar aún más el viaje… y sus historias.

De pronto el Espíritu Santo me dio una idea: simplemente debía dirigirme al dolor de cabeza, decirle que no tenía derecho a estar en mi cuerpo y que se fuera. No recuerdo en qué basé mi fe excepto en que sentí esa inspiración desde mi interior. En ese momento yo no sabía que, según la palabra, Cristo ya me había sanado y era eso lo que me daba el poder de renunciar y expulsar cualquier enfermedad.

Desde hacía buen rato estaba desconectado de lo que mi amigo venía contando, pero ahora tenía que dejar de prestarle atención por completo para concentrarme silenciosamente en el dolor de cabeza y decirle que se fuera. Empecé a hacerlo y repetí mi rechazo al dolor cientos de veces. Lo dije de todas las maneras que se me ocurrieron. Paso un minuto, dos, cinco, diez, doce… y nada. Las punzadas de dolor parecían aumentar al concentrarme tanto en ellas.

Seguí orando, tratando de no desesperarme. Tenía ganas de llorar porque nada parecía tener efecto. Había imaginado que el dolor se iría poco a poco cuánto más proclamase, pero no fue así.

Aunque no miraba el reloj, debieron pasar unos quince minutos mientras seguía ordenando a mi jaqueca que se fuera. De pronto, el dolor empezó a moverse dentro de mi cabeza. Era como si estuviera huyendo del punto al que yo estaba atacando. Lo seguí con mi imaginación mientras de nuevo le ordenaba que se fuera y entonces volvió a moverse. Parecía ir de la parte frontal del cráneo a la parietal. De la parietal a la temporal. De la temporal a la occipital. De la occipital nuevamente a la frontal. Definitivamente, me estaba rehuyendo.

Finalmente, imaginé que me lo arrancaba de la cabeza como si fuera una gran goma de mascar y el dolor se fue. ¡Gloria a Dios! A ratos parecía regresar y yo lo volvía a ahuyentar.

Esos quince minutos me parecieron una eternidad. Pero el Espíritu Santo sabía que tenía que entrenar con una prueba fácil de resistir. De otra manera yo no hubiera podido completar mi entrenamiento.

En otra ocasión, tuve que conducir desde Alabama para trabajar en un proyecto en Florida. Desde que salí de mi casa me sentía mal. Se me estaba viniendo encima una gripe fatal. Tenía malestar en todo el cuerpo, dolor de garganta y demás síntomas que aparecen de repente cuando uno menos lo espera.

Desde que comencé mi viaje, empecé a luchar contra la gripe al igual que había hecho ya varias veces con los dolores de cabeza. Sin embargo, no lograba obtener los mismos resultados tan rápidamente. Una voz parecía decirme, "Deja de hablar. Se te va a irritar más la garganta y va a empeorar el dolor y malestar." Era una tentación y gracias a Dios la reconocí como tal.

Seguí luchando. Pasaron quince minutos y nada. Pasó una hora y nada. Yo repetía y proclamaba cientos de veces sin parar. Si descansaba era tan sólo durante un minuto, pero luego continuaba. Ese día pasé cuatro horas seguidas ordenándole a la gripe que se fuera.

Llegué al hotel y con gran esfuerzo pude registrarme y subir a la habitación. Caí sobre la cama y ya para entonces tenía una fiebre tan alta que me hizo delirar hasta quedar dormido. Horas después, cuando desperté, todos los síntomas habían desaparecido. Pude ir a trabajar sin malestar alguno, como si la gripe nunca se me hubiese acercado. ¡Gloria a Dios!

La escritura dice:

"Someteos pues a Dios; resistid al diablo y él huirá de vosotros. (Santiago 4:7)

La gente cree que resistir al diablo sólo significa

no dejarnos caer en sus tentaciones. Pero también se le combate luchando abiertamente contra su opresión diabólica, ya sea expresada en una enfermedad, en una posesión, o en un bloqueo económico.

RESISTIENDO "ENFERMEDADES INCURABLES"

Hay enfermedades que ejercen una opresión más fuerte que otras, como descubrí en la diferencia entre el dolor de cabeza y la gripe. Esto es aún más cierto en las enfermedades llamadas "incurables" por la ciencia médica. Pero sean llamadas curables o incurables, todas las enfermedades son opresión diabólica según las Sagradas Escrituras:

"Cómo Dios ungió a Jesús de Nazaret con el Espíritu Santo y con poder, y cómo Jesús pasó haciendo el bien y curando a todos los oprimidos por el diablo, porque Dios estaba con él." (Hechos 10:38)

Ya el Espíritu Santo me había empezado a adiestrar con malestares pequeños y enfermedades livianas mucho antes de que yo tuviera que luchar contra una de las llamadas "incurables." Hay cosas que son más importantes para nosotros que nuestra propia vida, y hay luchas que nosotros posiblemente no haríamos por nosotros mismos, pero sí por nuestros seres queridos.

A finales de los años noventa trabajé en un proyecto en Méjico que duró dos años. Confieso que mucho antes de viajar a Méjico, mis numerosos viajes de trabajo, mis indiscreciones, y continuas ausencias habían destruido mi primer matrimonio y mi esposa y yo nos habíamos separado. Al poco tiempo de estar en Méjico, recibí noticias de que mi hijo estaba enfermo. Todos creían que era una enfermedad psicosomática a causa de la separación de la familia.

Empecé a viajar una vez al mes para ir a verlo. Cuando llegué de Méjico la primera vez, lo llevamos a que le hicieran todo tipo de exámenes y descubrieron una "enfermedad incurable" en su sistema inmunológico. Él tenía diez años. Sufría unas fiebres enormes. Se le inflamaban todas sus glándulas. Enfermaba del estómago. Todo su cuerpo era sacudido. La enfermedad venía a ráfagas, lo dejaba devastado y después desaparecía.

A veces durante mis visitas, sufría fuertes ataques y entre las medicinas y la fiebre, se pasaba días enteros en cama. Yo me acostaba a su lado y luchaba contra la enfermedad del modo que el Espíritu Santo me había enseñado. Pasaba períodos de tiempo de hasta hora y media luchando, pero cuando lo hacía, todos sus síntomas se volvían hacia mí y no podía seguir luchando. El niño dormía y yo no entendía cómo podía soportar esos síntomas tan severos; yo mismo no podía ni siquiera seguir resistiendo la enfermedad con mis palabras. Descansaba un poco y en cuanto me recuperaba y los síntomas en mi menguaban me acostaba de nuevo a su lado y seguía luchando contra la enfermedad. Y así hacía en cada visita cada vez que la enfermedad volvía.

No sé ni cuando sucedió, pero después de un tiempo la "enfermedad incurable" no volvió a aparecer. ¡Gloria a Dios!

El libro de Hechos dice que Jesús podía curar a los oprimidos por el demonio "porque Dios estaba con él." (Hechos 10:38) El poder de sanar reside en Dios. Es Dios Padre quién nos unge con el Espíritu Santo y con poder.

LA PALABRA SE SIEMBRA Y LA FE LE DA VIDA

La palabra de Dios es semilla tanto en los labios de Dios como en los nuestros. Sin embargo, la escritura dice que la semilla tiene que morir para producir vida:

"¡Necio! Lo que tú siembras no recobra vida si antes no muere. Y lo que tú siembras no es el cuerpo que

33

va a brotar, sino un simple grano, como el de trigo o de alguna otra planta. Y Dios le da un cuerpo a su voluntad: a cada semilla su cuerpo. [...] Se siembra corrupción, brota rectitud; se siembra vileza, brota gloria; se siembra debilidad, brota fortaleza; se siembra un cuerpo mortal, resucita un cuerpo espiritual." (I Corintios 15:36-38, 42-44)

Si lo que se siembra tiene que morir, entonces, ¿dónde muere la semilla de la palabra? Sabemos que el terreno donde el sembrador siembra la palabra es el corazón del hombre, pero ¿cómo puede morir algo en nuestro corazón? ¿Cómo puede el corazón del hombre matar la semilla para que germine y produzca una nueva vida? ¿De qué muerte se está hablando? De la muerte de los sentidos. Toda la realidad sensorial queda muerta y apagada. Tenemos que caminar a oscuras, a ciegas. San Juan de la Cruz dice así de su alma en su poema, Noche Oscura:

"En una noche oscura,
con ansias, en amores inflamada,
¡oh dichosa ventura!,
salí sin ser notada
estando ya mi casa sosegada.

A oscuras y segura,
por la secreta escala, disfrazada,
¡oh dichosa ventura!,
a oscuras y en celada,
estando ya mi casa sosegada.

En la noche dichosa,
en secreto, que nadie me veía,
ni yo miraba cosa,
sin otra luz y guía
sino la que en el corazón ardía.

Aquésta me guiaba
más cierto que la luz de mediodía,
adonde me esperaba
quien yo bien me sabía,
en parte donde nadie parecía."

El corazón es el terreno donde germina la semilla cuando todo lo sensorial queda oscuro, cegado y en silencio. Nuestra única la "luz y guía" es la fe, fe en la palabra de Dios. Esa luz de la fe es la que ilumina más fuerte "que la luz de mediodía."

Las palabras son sembradas y parecen desaparecer y caer ocultas a los sentidos. Sin embargo, ya están sembradas y llevan vida. Cristo mismo, como Palabra de Dios, fue sembrado durante tres días, en oscuridad y silencio, y resucitó incorrupto y lleno de gloria y fortaleza.

CAMINAMOS POR FE

La palabra hay que sembrarla en el corazón. El corazón es iluminado por la fe. Por eso, la palabra muere a los sentidos y nace en la fe, en lo que se cree, no en lo que se ve.

"Caminamos por fe, no por lo que vemos." (II Corintios 5:7)

Antes de que Dios hablara y empezara a crear el Universo, la escritura dice:

"La tierra era caos, confusión y oscuridad que bajaba hacia los abismos, y el Espíritu de Dios se movía por encima de las aguas." (Génesis 1:2)

Dios no se fijó en el abismo que veía. Él sembró su palabra, penetrando en ese caos de confusión y oscuridad a través de ese Espíritu que se movía por encima de las aguas. Simplemente plantó la semilla, "Haya luz" (Génesis 1:3), y se hizo la luz.

En el Nuevo Testamento hay un pasaje que muestra el efecto de cambiar nuestro enfoque de nuestra fe a los sentidos, de lo que creemos a lo que percibimos.

En este pasaje, Pedro, líder de los apóstoles, es primero movido por la fe, pero, después empieza a prestar más atención a la información que está recibiendo por los sentidos:

"Pedro le respondió: 'Señor, si eres Tú, mándame ir hacia Ti sobre las aguas.' '¡Ven!,' le dijo. Bajó Pedro de la barca y se puso a caminar sobre las aguas, dirigiéndose hacia Jesús. Pero, viendo la violencia del viento, le entró miedo y, como comenzara a hundirse, gritó: '¡Señor, sálvame!' Al punto Jesús, tendiendo la mano, le agarró y le dijo: 'Hombre de poca fe, ¿por qué dudaste?'" (Mateo 14:28-31)

En estos pasajes, la fe es nuestra verdadera luz y la realidad que percibimos a través de los sentidos es la verdadera oscuridad que nos ciega.

Jesús caminó sobre las aguas. También podía dormir tranquilo en medio de una tempestad mientras sus discípulos corrían de un lado a otro, llenos de miedo por la oscuridad, la tormenta y el viento.

La palabra de Jesús a Pedro: "Ven," dio fruto y Pedro pudo caminar sobre las aguas; pero en cuanto esa fe fue desplazada por la duda, la fe murió y Pedro se hundió.

La duda llega poco a poco cuando empezamos a ver las circunstancias y a observar la realidad en vez de creer en la verdad. Pedro no se hundió en un instante, como si alguien saltara de un barco, sino que "comenzó a hundirse". Eso quiere decir que su fe comenzó a irse poco a poco.

Pedro era un pescador hábil. En otras ocasiones lo

podemos ver tirándose al agua en medio de una multitud de peces para nadar hacia la orilla en la que estaba Cristo. Esta vez Pedro grita de miedo porque la tempestad era fuerte. Después de todo, Jesús no había calmado las aguas para caminar sobre ellas.

La fe de Jesús no estaba basada en si las aguas estaban calmadas o agitadas contra él. El mundo estaba en "caos, confusión y oscuridad;" sin embargo, el Espíritu de Dios "se movía por encima de las aguas" (Génesis 1:2)

¡Cuán grande es tu fe, Señor! Ayúdanos a vivir siempre en tu presencia para poder creer como Tú crees.

La semilla tiene que empezar a germinar a medida que olvidamos la sospechosa e inestable luz que nos traen los sentidos para iluminarnos por segura y eterna palabra de Dios.

Siguiendo el ejemplo del Padre, tenemos que hablar en medio del caos, la confusión y la oscuridad, donde cada palabra que hablamos parece morir en manos de la obvia y oscura "realidad." La palabra recibe golpes externos de incredulidad y burlas, al igual que las recibieron las palabras de Jesús:

"Todos la lloraban y lamentaban su muerte; Él dijo: 'No lloréis, no ha muerto; está dormida.' Y se burlaban de él, pues sabían que estaba muerta." (Lucas 8:54-55)

La hija de Jairo estaba muerta y las palabras de Jesús, que le devolverían la vida, parecían palabras muertas a los oídos de los que estaban en la casa lamentándose porque conocían la realidad de la muerte y no la verdad de la que testificaba Jesús.

PARA CRECER, LA FE TIENE QUE HABLAR

Este es otro principio irrefutable de Dios: Así como la palabra necesita de la fe para recibir vida, así también la fe necesita a la palabra para poder dar vida:

> *"Pero teniendo aquel espíritu de fe, según lo que está escrito: Creí por eso hablé, también nosotros creemos, y por eso hablamos…" (II Corintios 4:13)*

Dios Padre habló cuando creó el mundo. Jesús actuaba a imagen y semejanza de Dios. Con sus palabras, él detuvo el viento y la tempestad.

Los apóstoles, por otro lado, reconocían que ellos no habían alcanzado es poder, que eran "hombres de poca fe." Sin embargo, un día, los apóstoles decidieron pedirle un gran favor a Jesús:

> *"Auméntanos la fe." El Señor dijo: "Si tuvierais fe como un grano de mostaza, habríais dicho a este árbol de moras: 'Arráncate y plántate en el mar,' y os habría obedecido." (Lucas 17:5-6)*

Uno de los principales problemas que he visto en el Cuerpo de Cristo en casi cuarenta años de ministerio es el que siempre nos creemos faltos de fe. Si bien es cierto que Jesús acusa a sus apóstoles por su poca fe, lo hace cuando ve que su expectativa es muy baja. Sin embargo, en este pasaje él no les dice que va a enseñarles como recibir más fe, que es lo que ellos específicamente estaban pidiendo, sino que les enseña como usar la poca fe que tienen. No ignora la poca fe, sino que les enseña a usar ese granito de fe que si tienen. Eso también debemos saberlo nosotros.

Jesús les reveló el secreto de cómo hacer que su fe fuera efectiva y produjera resultados. Dicho de otra manera, Jesús les reveló "cómo utilizar el poder de lo alto." La fe tiene que hablar.

Los apóstoles no están pidiendo crecer en una fe abstracta y general. Ellos ya han vivido con Jesús durante un tiempo y ya tenían bastante fe. Pero ahora le están pidiendo fe como la que tiene Él, como la que tiene Dios mismo. La Fe que habla con Palabras Sustanciales que llevan en sí la semilla de lo que dicen. "Jesús, danos esa fe para poder hacer milagros. Para poder sacar demonios. Para poder curar enfermos. Para poder proclamar al mundo todo lo que Tú has hecho por nosotros."

Jesús contestó a sus plegarias revelándoles que el secreto de la fe es LA PALABRA.

"Jesús les respondió: 'Tened fe en Dios. Yo os aseguro que quien diga a este monte: 'Arráncate de aquí y arrójate al mar' y no vacile en su corazón, sino que crea que va a suceder lo que dice, obtendrá lo que dice. Por eso os digo: todo cuanto pidáis en oración, creed que ya lo habéis recibido y lo obtendréis." (Marcos 11:22-24)

La fe tiene que hablar y no vacilar, pues si vacila se hunde como lo hizo Pedro. Pedro aprendió bien esta lección y logró hacer milagros fabulosos, hasta con su sombra.

Tenemos que dejar de dudar de la fe que ya tenemos, por pequeña que nos parezca. Aunque nuestra fe fuese del tamaño de un grano de mostaza, podría mover montañas si le hablásemos a las montañas que obstaculizan nuestro camino. Si no dudásemos… y siguiéramos haciéndonos oír y no vacilásemos… y creyéramos que va a suceder lo que decimos… y fuésemos constantes hasta obtener lo que hemos dicho.

41

Capítulo 4:

PALABRA, FE Y PODER

RECUERDO MI increíble arrogancia cuando era apenas un cristiano recién nacido que acababa de descubrir el mundo espiritual. Me pasaba la vida leyendo libros de vidas de santos y todas las nuevas obras carismáticas que llegaban a la pequeña librería local. Aprendía tantas cosas de las que nunca había oído hablar que creía que en ese corto tiempo yo ya había llegado a ser muy docto en asuntos de fe.

APRENDIENDO DE MIS MAYORES

Una noche, en un grupo de oración mientras todos cantaban, me puse a observar a la gente del grupo. Me parecía que a todos les gustaban las canciones alegres que cantábamos, pero que pocos ponían en práctica su fe y utilizaban sus dones.

Mientras observaba al grupo, mis ojos se fijaron en una señora de pelo blanco que siempre estaba muy callada. Mi mente la juzgó y me pregunté a mí mismo, "¿Cuánta fe podrá tener esa pobre señora? Me imagino que sólo viene para socializar y no podría recibir nada de Dios.

Ni siquiera había terminado de pensar en ello cuando de repente terminó la música y la señora dijo, "Quiero darles un testimonio de cómo el Señor me ha sanado esta semana." No recuerdo cuál fue su testimonio, pero sí recuerdo lo mal que me sentí por haberla juzgado y por descubrir mi arrogancia espiritual.

¡Qué triste es juzgar a las personas! Aprendí una lección. A través de los años llegué a querer muchísimo a esa señora y a admirar la increíble humildad y fe que tenía.

Una noche, meses antes de irme de esa zona, la señora llegó al grupo muy compungida. Nos dijo lo siguiente:

"Mi marido y yo vamos a hacer un viaje a Texas mañana. Vamos en automóvil, pero he tenido mucho dolor de espalda y en los últimos días he empeorado. Mi esposo quería cancelar el viaje, aunque lo teníamos planeado desde hace mucho tiempo. yo le dije: 'No te preocupes. Voy a ir al Grupo de Oración esta noche para que recen por mí. El Señor me va a sanar y voy a poder hacer el viaje sin ningún dolor y sin ningún problema.'"

Yo, que años antes la había juzgado, ahora reconocía en ella una fe muchísimo más fuerte. Una fe que anticipaba lo que iba a suceder. Una fe idéntica a la de la mujer hemorroísa que, mediante la fe, supo que sanaría con tan sólo tocar a Jesús y así lo dijo.

Como yo coordinaba el grupo esa noche, le pedí a todos que impusiéramos manos sobre ella. Recuerdo que me mostró una protuberancia que se le había formado en la espalda. Impusimos manos sobre ella y la protuberancia se hundió y la señora sanó al instante. ¡Gloria a Dios!

"Una mujer enferma de flujo de sangre hacía doce años, llegándose por detrás, tocó la franja de su vestido, porque decía entre sí: Si tocare solamente su vestido, seré libre. Mas Jesús volviéndose, y mirándola, dijo: Confía, hija, tu fe te ha librado. Y la mujer fue libre desde aquella hora". (Mateo 9:20-22)

La hemorroísa decía entre sí con fe y convicción y proclamaba a sí misma lo que iba a suceder antes de que sucediera. Mi amiga también habló con fe y convicción y también dijo lo que iba a suceder antes de que sucediera. Ambas recibieron aquello en lo que creyeron y lo que dijeron.

LA FE NOS LLEGA ESCUCHANDO LA PALABRA

Desde niños asociábamos al alma con lo que la sagrada escritura llama "el corazón." Sin embargo, San Pablo nos habla de las tres partes que componen al ser humano: espíritu, alma y cuerpo.

"Que el Dios de la paz los santifique plenamente, para que ustedes se conserven irreprochables en todo su ser – espíritu, alma y cuerpo – hasta la Venida de nuestro Señor Jesucristo." (I Tesalonicenses 5:23)

La palabra de Dios se siembra en el corazón del hombre. Es allí donde habita la fe: en el corazón o espíritu del hombre. La fe no se encuentra en el alma, es decir, no reside en las emociones o en la inteligencia, sino en el espíritu.

Para entender el proceso de cómo la palabra es sembrada en el corazón del hombre, es necesario reconocer la diferencia entre espíritu y alma.

"En efecto, la palabra de Dios es viva y eficaz, más penetrante que espada de doble filo, y penetra hasta donde se dividen el alma y el espíritu, las articulaciones y los tuétanos, haciendo un discernimiento de los deseos y pensamientos más íntimos." (Hebreos 4:12)

46

La palabra de Dios es capaz de dividir espíritu y alma. Ambas están íntimamente unidas y ambas son eternas... pero son diferentes.

El misticismo y la filosofía del ser humano, como la de Platón y Kant, asumían que alma y espíritu era una misma cosa. Por tanto, con algunas variaciones, separaban los poderes del alma en tres partes:

Las facultades intelectuales: Inteligencia, entendimiento, conocimiento y memoria.

Las facultades afectivas: Los sentimientos, pasiones y afecciones.

Las facultades conativas: La voluntad, o sea, la motivación a actuar con propósito.

Hoy en día, la palabra de Dios nos ha ayudado a penetrar "donde se dividen el alma y el espíritu." Por eso, asociamos al alma con las primeras dos facultades (intelecto y emociones) y al espíritu con la tercera facultad (voluntad).

En la parábola del sembrador, Jesús dice claramente que la palabra se siembra en el corazón. Pero en esa misma parábola, Jesús dice que la palabra tiene que ser asumida por el entendimiento para que no la robe Satanás ni sus aves. El entendimiento es parte del alma; por lo que podríamos decir que el alma es un terreno arado que prepara al corazón para recibir la palabra sembrada.

San Pablo nos dice que hay tres cosas eternas: "La fe, la esperanza y el amor" (I Corintios 13:13). Éstas son las tres cosas que encierra y que protege el corazón del hombre; el espíritu es el lugar más santo de nuestro templo. Es allí donde el Espíritu de Dios habita. La palabra de Dios también es eterna:

"La hierba se seca, la flor se marchita, mas la palabra de nuestro Dios permanecerá por siempre." (Isaías 40:8)

Pues bien, la fe llega escuchando la palabra. El alma la procesa a través del entendimiento y una vez que se ha arraigado en el espíritu, la fe habla y proclama la palabra con convicción y con la autoridad que ha recibido de Dios. Es entonces cuando el Poder de Dios actúa.

La palabra original muere como semilla en el lugar en el que ha sido sembrada: en el corazón del hombre, donde habitan la fe y el Espíritu de Dios. El alma es el arado y la fe es la tierra fértil que produce la cosecha:

"La tierra da el fruto por sí misma; primero hierba, luego espiga, después trigo abundante en la espiga." (Marcos 4:28)

LA FE HABLA Y EL PODER ACTÚA

Una vez que la semilla es procesada en tierra fértil produce vida nueva. Las palabras nacidas de la fe son activas y llenas de espíritu y de vida. Por eso es importante proclamar la palabra de Dios. Ella es la verdad que Jesús vino a proclamar:

"Para esto he nacido y he venido al mundo: para dar testimonio de la verdad. El que es de la verdad, escucha

mi voz. (Juan 18:37)

La palabra nos ayuda a progresar. La palabra de Dios es siempre una palabra perfecta, revestida de la fe de Dios y preñada de su poder:

"Muchas veces y de muchas maneras habló Dios a nuestros antepasados por medio de los Profetas. En estos últimos tiempos nos ha hablado por medio del Hijo a quien instituyó como heredero de todo. Es por Él por quien también hizo el Universo; que es reflejo de su gloria e impronta de su sustancia. Es Él el que sostiene todo con su palabra poderosa, el que llevó a cabo la purificación de los pecados, el que está sentado a la diestra de la Majestad en las alturas. El que está por encima de los ángeles por ser el Hijo del Padre." (Hebreos 1:1-4)

El universo mismo fue creado por "el Hijo," y el Hijo sostiene toda la creación "con su palabra poderosa."

El evangelio de Juan habla de la palabra con un enfoque diferente. Identifica al Hijo de Dios con la Palabra:

"En el principio existía la Palabra y la Palabra estaba junto a Dios, y la Palabra era Dios. Todo se hizo por ella y sin ella no se hizo nada. Lo que se hizo en ella era la vida y la vida era la luz de los hombres y la luz brilla en las tinieblas, y las tinieblas no la vencieron. [...] Y la Palabra se hizo carne, y puso su Morada entre nosotros, y hemos contemplado su gloria, gloria que recibe del Padre como Unigénito, lleno de gracia y de verdad." (Juan 1:1-5, 14)

Todo se hizo a través de la Palabra. Todo fue creado por él, aunque en el Antiguo Testamento la palabra de Dios no era asociada con el Hijo, o con el Mesías prometido.

Juan es el primero en revelarnos que Jesús es la Palabra de Dios hecha carne. Jesús lo dijo así al responder a Felipe:

¿No crees que Yo estoy en el Padre y el Padre está en Mí? Las palabras que os digo, no las digo por mi cuenta; el Padre que permanece en Mí es el que realiza las obras." (Juan 14:10)

Jesús nos revela que el poder de sus palabras reside en Dios Padre. Es el poder de Dios Padre el que hace las obras a través de Jesús. No es un poder que Jesús lleve independiente del Padre.

También nosotros podemos compartir el poder del Padre como Jesús lo comparte." Jesús mismo lo confirma cuando dice:

"Si permanecen en mí, y mis palabras permanecen en vosotros, pedid lo que queráis y lo conseguiréis." (Juan 15:7)

Aquí podemos entender mejor el pasaje a los Hebreos citado anteriormente que nos dice que el Hijo, a través del que Dios Padre creó el Universo, "sostiene todo con su palabra poderosa" (Hebreos 1:3).

El original griego dice así: "Sostiene todo con el rhema (la palabra específica) de su dunamis (omnipotencia, fuerza, habilidad, abundancia, poder)."

La traducción no debería decir "el poder de su palabra," sino "la palabra de su poder." Es esencial entender esto, pues no es la cantidad de palabras lo que aumenta el poder, sino el sentido, la conexión entre las palabras y el poder que reside en Dios Padre. La palabra habla; el poder actúa.

Si el Padre permanece en nosotros tal como permaneció en Jesús, entonces toda la Omnipotencia de Dios estará con nosotros en todas partes al igual que lo estuvo con Jesús.

51

Esto fue una gran revelación para mí personalmente: el hecho que, si Dios está conmigo en su omnipresencia, también está conmigo en su omnisciencia y en su omnipotencia. Eso estaba clarísimo para Jesús, y sabía que, si el Padre permanecía en Él, ambos compartirían no sólo la presencia, sino también la inteligencia y el poder del Padre. Por eso Él decía:

> *"En verdad, en verdad os digo: el Hijo no puede hacer nada por su cuenta, sino lo que ve hacer al Padre: lo que hace Él, eso también lo hace igualmente el Hijo. Porque el Padre quiere al Hijo y le muestra todo lo que Él hace. Y le mostrará obras aún mayores que éstas, para que os asombréis." (Juan 5:19-20)*

Cuando era joven y pertenecía al primer grupo carismático en el que estuve, durante una noche de oración mientras cantábamos canciones de alabanza, tuve una visión en la que Jesús caminaba en medio de nosotros y le imponía manos a una señora a quien yo no conocía. La manera en la que Jesús le impuso manos me pareció un poco peculiar. Jesús formó un círculo con sus dedos alrededor de la cabeza de la señora.

Aunque yo era nuevo, tanto en el grupo como en los dones del Espíritu Santo, la visión me pareció tan real que me acerqué al líder y le dije lo que había visto. Le pregunté si podíamos rezar por la señora y él accedió.

Formamos un círculo alrededor de ella, y el líder me pidió que yo dirigiera la oración. Simplemente hice lo que había visto, y en cuanto le impuse las manos en círculo, recibí unción profética y empecé a decirle a la señora lo que percibía claramente en mi espíritu. Vi que ella estaba en medio de una dura batalla y que la depresión la estaba consumiendo. Jesús le dijo:

"Sientes que tienes una corona de espinas que te atormenta y tus problemas no te dejan ni pensar, pero quiero que sepas que Yo tengo poder aún sobre las espinas y sé lo que puedes o no puedes aguantar..."

No recuerdo más de la profecía, pues hace más de treinta años que sucedió. Lo que sí recuerdo es que percibí con gran claridad la manera peculiar en que había visto a Jesús imponer sus manos pues era como si estuviera controlando la presión de una corona de espinas sobre la cabeza de la señora.

Esa noche todos quedamos asombrados. En cuanto terminó la profecía, la señora se liberó de la depresión, levantó sus brazos al cielo y eufóricamente empezó a reír, reír, y reír. Rió incontrolablemente durante más de una hora. Tuvo que retirarse un poco del grupo porque su risa era contagiosa. Cualquier persona que la viese se contagiaba con su risa.

Esa noche tratamos de tener una reunión normal, pero sabíamos que Dios había hecho algo sorprendente. Todos nos reíamos de vez en cuando, particularmente cuando veíamos a los jóvenes curiosos echando una mirada de reojo a la señora y empezar a reír contagiados.

Dios hace sus obras, pero nosotros tenemos que hablar, actuar, profetizar y ejecutar esas obras.

¡Cuán grande es Dios Padre! ¡Cuán grande es su amor por nosotros!

Capítulo 5:

JUZGADOS POR NUESTRAS PALABRAS

A VECES ME parecen increíbles las estupideces que salen de nuestros labios a causa de nuestra ignorancia. Es lastimoso ver cómo en el mundo, que no ha descubierto que las palabras están vivas, pasamos el tiempo hablando negativamente. Nos acusamos e insultamos llamándonos pobres, estúpidos, feos, incapaces, lerdos, ociosos, vulgares y pecadores. Hasta en nuestras bromas maldecimos a las personas y cosas: "Maldita vieja." "Condenada bicicleta." "Endiablado muchacho."

Esas palabras llenas de maldad y faltas de fe son palabras necias, improductivas y estériles. Las escrituras nos pronostican que:

"... de toda palabra ociosa que hablen los hombres darán cuenta en el día del Juicio. Porque por tus

palabras serás declarado justo y por tus palabras serás condenado." (Mateo 12:36-37)

Si de la abundancia de nuestro corazón habla la boca y nuestras palabras pueden transformar nuestra realidad, entonces Satanás, el mundo y la carne estarán interesados en corromper tanto nuestros corazones y nuestras palabras.

EL HIJO DEL DEMONIO

En un noticiario norteamericano presentaron el caso de una joven pareja que tuvo un hijo en una noche tormentosa. Lluvia, relámpagos y truenos estremecían la noche. La inclemencia del temporal era apabullante y agravó los apuros que los futuros padres tuvieron que pasar para llegar al hospital. En medio de su ansiedad, la joven pareja empezó a referirse al niño como "hijo del demonio," por haber nacido en esa noche tormentosa.

Cada vez que el niño lloraba mucho, decían bromeando, "Tu eres hijo del demonio. Tu llanto es tan estruendoso como la noche en que naciste." Lo que algunas veces decían como chiste, otras veces posiblemente lo dirían por la molestia y por la actitud malcriada que el niño iba desarrollando al pasar de los años.

Aunque la familia no frecuentaba la iglesia, un día fueron invitados a un bautizo. Cuando trataron de entrar al templo, el niño se puso incontrolable y no hubo manera de hacerlo entrar. Fue entonces cuando empezaron a sospechar que había algo (o alguien) que estaba influyendo en el comportamiento del niño.

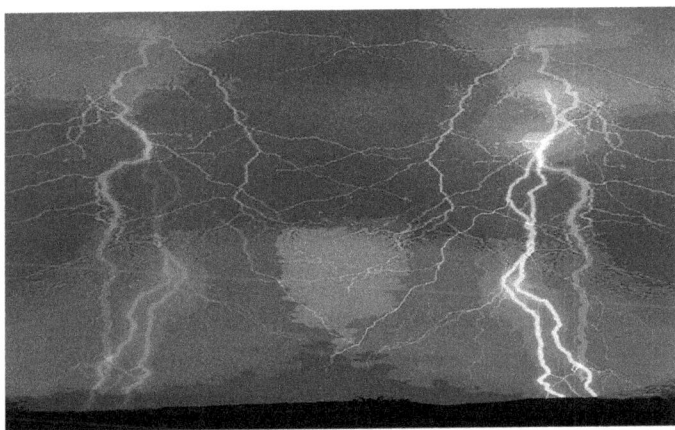

Buscaron ayuda. Qué triste debe de haber sido para esos padres darse cuenta de que ellos mismos le habían dado permiso a un espíritu maligno para entrar en el cuerpo de su hijo... con autoridad de padre. Los demonios oían esa constante declaración de que ese niño era hijo suyo, y lo tomaron como una invitación que ningún demonio despreciaría. La iglesia los puso en contacto con un exorcista que pudo liberar a su hijo.

UN VAMPIRO

En un caso similar, otra pareja llevó a su hijo a la iglesia para que oraran por él. Era una familia más o menos acomodada y el niño iba muy bien vestido, aunque en estado casi catatónico. No caminaba por sí solo, sino que sus padres lo llevaban alzado cada uno de un brazo. Cuando llegaron ante el altar y el ministro impuso manos sobre el niño, el joven reaccionó inmediatamente y empezó a hacer un sonido como un animal que se

57

defiende y anuncia su contraataque: "Gggrrrrrsssssss."

Hasta ese momento, ni sus propios padres se imaginaban que el joven pudiera estar sufriendo una opresión demoníaca o una posesión. Sin embargo, reconocieron el sonido y recordaron que hacía algún tiempo, cada vez que su hijo llegaba de la escuela se ponía a ver un programa llamado "Sombras Tenebrosas" ("Dark Shadows"). Éste fue uno de los primeros programas de televisión que hizo popular la imagen del vampiro como semi héroe, quitándole el monopolio al conde Drácula. Hoy en día la imagen del vampiro se ha vuelto muy popular, pero no por eso deja de ser peligrosa.

Al terminar de ver cada episodio, el niño se ponía una capa imaginaria o una toalla y empezaba a decir, "Yo quiero ser un vampiro, Gggrrrrrsssssss." Se subía al sofá, sacaba los dientes, levantaba sus manos como garras, y repetía una y otra vez, día tras día, "Yo quiero ser un vampiro, Gggrrrrrsssssss." Quizá la mayoría de los padres hubieran hecho lo que estos padres hicieron: ignorar las palabras como un simple juego de niños.

A medida que pasaron los meses, el niño fue perdiendo movilidad hasta que llegó un día en que ya no sólo era el cuerpo lo que estaba afectado, sino también la mente. Poco a poco, el niño se fue adormeciendo y perdiendo contacto con el exterior.

JUZGADOS POR NUESTRAS PALABRAS

Prestamos tan poca atención a lo que decimos que la fe que tenemos en nuestras propias palabras se ha diluido. Con nuestra boca profanamos, exageramos, contamos chistes, cantamos canciones sin prestarle atención a la letra, nos burlamos, repetimos malas noticias, y chismo- rreamos de la gente a nuestro alrededor.

Las Escrituras nos dicen:

"[...] de toda palabra ociosa que hablen los hombres darán cuenta en el día del Juicio. Porque por tus palabras serás declarado justo y por tus palabras serás condenado." (Mateo 12:36-37)

El día del juicio no vamos a poder ser chistosos con Dios. Seremos juzgados hasta por las tonterías que han salido de nuestras bocas.

Tenemos más facilidad en nuestros labios para proclamar lo negativo, que para ser constructivos. Tratamos de educar a nuestros hijos, pero pocas veces lo hacemos con nosotros mismos o con nuestras parejas.

En los años que llevo proclamando la palabra de Dios, han sido incontables las veces que alguien en la Iglesia o incluso algunos de mis familiares, han discutido encarecidamente conmigo sobre alguna cita bíblica. Este libro está lleno de tales citas. Me parte el alma cada vez que eso ocurre porque no están luchando contra mi palabra sino contra la Palabra de Dios mismo. No se dan cuenta de la diferencia, porque están juzgando naturalmente, no espiritualmente:

"El hombre natural no acepta las cosas del Espíritu de Dios. Son locura para él, y no las puede entender, pues sólo pueden ser juzgadas espiritualmente." (I Corintios 2:14)

El mejor ejemplo que puedo dar de alguien que no sabe que está peleando contra el mismo Dios es la historia de los espías a quienes Moisés, por orden de Dios, mandó a la tierra prometida…

ESPÍAS EN LA TIERRA PROMETIDA

Dios le había prometido a Abraham una tierra para sus descendientes. Abraham dejó la tierra de sus padres y se fue en compañía de Lot hasta llegar a Canaán, la tierra prometida. Allí nació Isaac y de Isaac nació Jacob. En tiempos de Jacob y sus doce hijos, la pequeña comunidad israelita se fue a Egipto, donde eventualmente terminaron como esclavos. Después de estar en Egipto 430 años, Dios mandó a Moisés a liberarlos y llevarlos a la tierra prometida. Para entonces los israelitas eran una nación de 600,000 mil personas.

Al llegar a Canaán, Dios le dijo a Moisés:

"Envía algunos hombres, uno por cada tribu patriarcal, para que exploren la tierra de Canaán que voy a dar a los israelitas. Que sean todos príncipes entre ellos." (Números 13:2)

Moisés escoge a doce "príncipes," uno de cada tribu de Israel, y los manda a espiar la tierra prometida por ordenes de Dios mismo. Los manda a espiar: montes, montañas, ciudades, fortificaciones, población, y fertilidad. Después de cuarenta días, los espías regresaron cargando uvas y otros productos del país. El informe que dieron a Moisés fue el siguiente:

61

"Fuimos al país al que nos enviaste, y en verdad que mana leche y miel; éstos son sus productos. Sólo que el pueblo que habita en el país es poderoso; las ciudades, fortificadas y muy grandes; hasta hemos visto allí descendientes de Anac. Los amalecitas ocupan la región del Negueb; los hititas, los amorreos y los jebuseos ocupan la montaña; los cananeos, la orilla del mar y la ribera del Jordán." (Números 13:27-28)

Desde que empiezan a hablar se nota el miedo en la imprudencia de sus palabras. Fue Dios quien le dijo a Moisés que mandara a los espías. Fue Dios quien dijo que esa era la tierra que "voy a dar a los israelitas". Sin embargo, los espías parecen poner más atención a lo que vieron que a lo que Dios dijo. Se movían por lo que veían, no por fe en la palabra de Dios.

Pero no todos. Dos de los espías, Caleb y Josué, veían con ojos llenos de verdadera fe:

"Caleb acalló al pueblo delante de Moisés diciendo: 'Subamos y conquistemos el país, porque sin duda podremos con él. (Números 13:30)

En cuanto Caleb empezó a profesar la fe que ardía en su corazón, los otros espías empezaron a contradecirlo y a refutar sus palabras con evidencias de lo que habían visto.

¿A quién no le habrá pasado que cuando quiere caminar en la fe, hasta su propia familia lo ve como loco o como fanático y tratan de apagarle el fuego según ellos para protegerlo de su ingenuidad? Eso mismo le pasó a Caleb:

"Pero los hombres que habían ido con él dijeron: 'No podemos alzarnos contra ese pueblo, porque es más fuerte que nosotros.' Y empezaron a desacreditar ante los israelitas el país que habían explorado, diciendo: 'El país que hemos recorrido y explorado es un país que devora a sus propios habitantes. Toda la gente que hemos visto allí es gente alta. Hemos visto también gigantes, hijos de Anac, de la raza de los gigantes. Nosotros nos veíamos ante ellos como saltamontes, y eso mismo les parecíamos a ellos." (Números 13:31-33)

Diez de los doce espías convencieron con esas palabras a la nación entera, y los 600,000 israelitas se volvieron contra Moisés y Aarón deseando volver a Egipto como esclavos en vez de entrar a la tierra prometida. Ellos se concentraron en lo que habían visto y se olvidaron de la palabra de Dios.

Haciendo una última apelación a la fe, Josué y Caleb se rasgaron las vestiduras y dijeron a los israelitas:

"La tierra que hemos recorrido y explorado es muy buena tierra. Si Yahvé nos es favorable, nos llevará a esa tierra y nos la entregará. Es una tierra de la que mana leche y miel. No se rebelen contra Yahvé, ni teman a la gente del país, porque no hay nada que temer. Se ha retirado de ellos la fuerza que los protegía, y en cambio Yahvé está con nosotros. No les tengan miedo." (Números 14:7-9)

Josué y Caleb vieron la misma tierra, los mismos gigantes, las mismas fortificaciones, pero sobre todo vieron a

Dios con ellos y esa es la fe que mezclaron con sus palabras y por eso no vieron 'gigantes,' sino "nada que temer."

¿POR QUÉ 40 AÑOS DE CASTIGO?

La gloria de Yahvé apareció ante todos los israelitas en la Tienda del Encuentro y eso detuvo a los rebeldes que intentaban apedrear a Moisés y a Aarón. Yahvé le dijo a Moisés que iba a dar un escarmiento a esos incrédulos y que los iba a herir con peste y a desheredarlos. Moisés intercedió para que Dios no exterminara a su pueblo.

Ante la intercesión de Moisés y de Aarón, Dios perdonó a los israelitas y no los exterminó, pero castigó su incredulidad no dejando que los incrédulos mayores de veinte años pudiesen entrar nunca en la tierra prometida. Dios se lo explica a Moisés así:

"¿Hasta cuándo esta comunidad perversa murmurará contra mí? He oído las quejas de los israelitas, que están murmurando contra mí. Diles: Por mi vida, oráculo de Yahvé, que he de hacer con vosotros lo que han hablado a mis oídos. Por haber murmurado contra mí, todos los que fueron censados y contados, de veinte años para arriba, en este desierto caerán sus cadáveres. Juro que no entrarán en la tierra en la que, mano en alto, juré establecerlos. Sólo a Caleb, hijo de Jefoné, y a Josué, hijo de Nun, y a sus pequeñuelos, de los que dijeron que caerían en cautiverio, los introduciré, y conocerán la tierra que habéis despreciado. Sus cadáveres caerán en el desierto, y sus hijos serán nómadas cuarenta años por el desierto, cargando con vuestra infidelidad,

hasta que estén por completo todos sus cadáveres en el desierto. Según el número de los días que empleasteis en explorar el país, cuarenta días, cargarán cuarenta años con sus pecados, un año por cada día. Así sabrán lo que es rebelarse contra mí. Yo, Yahvé, he hablado." (Números 14:27-35)

En este pasaje podemos ver claramente que Dios los está juzgando de acuerdo con lo que ellos mismos dijeron con sus propias bocas. Por eso dice Dios, "He de hacer con ustedes lo que han hablado..." Los israelitas pasaban el tiempo quejándose y diciendo que Dios los había sacado de Egipto para dejarlos morir en el desierto.

Dios los había llevado hasta las puertas de la tierra prometida, pero ellos no quisieron entrar. Como castigo, tuvieron que caminar cuarenta años en el desierto hasta que todos los incrédulos mayores de veinte años murieron. Eso quiere decir, que casi todos los que entraron a Canaán eran menores de 60 años (20 de edad + 40 en el desierto = 60 años).

Moisés tampoco pudo entrar a la tierra prometida, pero la vio de lejos antes de morir. De los mayores de 60 años, sólo Caleb y Josué entraron. Caleb tenía cuarenta años cuando fue mandado como espía, por lo cual tendría ochenta años al entrar a la tierra prometida. Él sabía que su edad no importaba pues Dios seguía fiel a su promesa y él estaba convencido que a los 80 años todavía podía vencer a los gigantes.

NUESTRA TIERRA PROMETIDA SON LAS PROMESAS DE DIOS

Cuatro siglos antes del éxodo, cuando Dios llevó por primera vez a Abraham a Canaán, dijo hasta donde iban a llegar los límites de esa tierra prometida:

"Todo lugar que sea pisado por la planta de su pie será suyo; desde el desierto y el Líbano, desde el rio Éufrates, hasta el Mar Occidental, se extenderá su frontera. Nadie podrá resistirles; Yahvé su Dios sembrará el miedo y el pánico ante vosotros sobre todo el territorio que pisen sus pies, como él os ha dicho." (Deuteronomio 11:24-25)

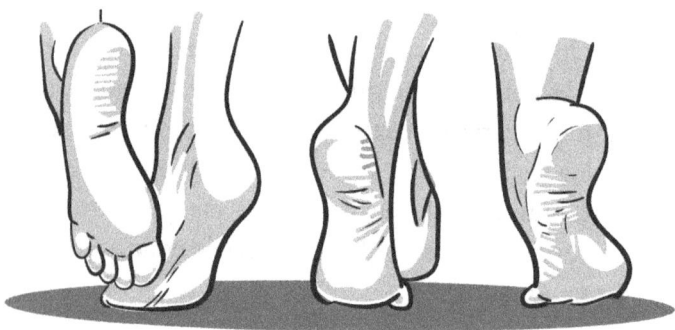

Para que Abraham pudiera aumentar los límites de sus tierras, tenía primero que caminar sobre ella, es decir, tenía primero que actuar y pisar la tierra para poseerla.

Nosotros también hemos recibido una tierra prometida. Abraham es el Padre de la Fe, por tanto, también es nuestro padre. El recibió como herencia la promesa de una tierra. Nosotros hemos recibido como herencia todas las promesas incluidas en las escrituras, pero para que puedan ser nuestras, tenemos que pisar esas promesas y caminar sobre ellas y por encima de la realidad.

Esta no es una herencia en la que nos entregan un pedazo de papel y al día siguiente nos mudamos a un nuevo hogar donde nos espera una fila de empleados dispuestos a servirnos. Esta es una herencia por la que hay que luchar, y luchar contra gigantes y murallas. En esta lucha de fe, Dios promete sembrar "el pánico sobre todo el territorio que pisen" nuestros pies.

Si no caminamos sobre las promesas de sanación, nunca podremos estar sanos.

"Envió su palabra y los sanó." (Salmo 107:20)

Ante los ojos de Dios la sanación ya es nuestra. Esa es la verdad que nos puede librar de toda enfermedad. Pero si nosotros nos ponemos a pensar que el cáncer, la diabetes, el enfisema, la poliomielitis, o la leucemia son ciudades fortificadas llenas de gigantes invencibles y nos vemos a nosotros mismos como saltamontes sin fuerzas ante sombras tan tenebrosas, entonces moriríamos. Nos hundiríamos sin siquiera poderle gritar al Señor que nos salve porque no tendríamos el valor de caminar sobre esa tierra o sobre ese mar de promesas.

PARTÍCIPES DE LA NATURALEZA DIVINA

Dios Padre, a través de su Hijo, nos ha devuelto la dignidad perdida por Adán y Eva, y nos ha dado aún mayor dignidad: La dignidad de ser llamados "hijos de

Dios". Pero todo el dominio que Adán y Eva perdieron al pecar sólo puede ser restituido por medio de la fe, y esa fe nace a través de la palabra y, más concretamente, a través de las promesas que Dios nos ha hecho:

"Por medio de las cuales nos han sido concedidas las preciosas y sublimes promesas, para que por ellas se hicieran partícipes de la naturaleza divina, huyendo de la corrupción que hay en el mundo por la concupiscencia." (II Pedro 1:4)

Pedro nos dice que las promesas de Dios nos hacen participar de su naturaleza divina. Es decir que si tenemos fe en lo que Dios promete nada es imposible para nosotros.

Jesús podía hacer milagros porque Dios estaba con Él, no porque Él mismo fuese Dios, aunque también lo era. Al venir al mundo, Jesús se había despojado de su naturaleza divina y vivió como un "Hijo del Hombre:"

"El cual, siendo de condición divina, no codició el ser igual a Dios, sino que se despojó de sí mismo tomando

JUZGADOS POR NUESTRAS PALABRAS

*condición de esclavo. Asumiendo semejanza humana
y apareciendo en su porte como hombre, se rebajó a sí
mismo, haciéndose obediente hasta la muerte y una
muerte de cruz." (Filipenses 2:6-8)*

Todos los recursos que tuvo Jesús en este mundo los
tenemos también nosotros y por eso Él mismo dice:

*"En verdad, en verdad os digo: el que crea en mí hará
él también las obras que Yo hago, y hará mayores aún,
porque Yo voy al Padre." (Juan 14:12)*

Eso también es una promesa. La gente prefiere pasar
días discutiendo si es el ministro o Dios el que sana en
vez de avanzar y empezar a imponer manos sobre los
enfermos y a sacar demonios.

Una vez dos motociclistas se accidentaron en un
camino rural por el que mi familia y yo íbamos paseando.
Yo fui el primero en parar y luego llegaron dos vehículos más. Uno de los motociclistas me pedía a gritos
que le ayudara a buscar su brazo. En realidad, tenía el
brazo dislocado y colgando del hombro, pero no lo sentía
porque tenía una hemorragia interna. Cuando me acerqué
al otro motociclista, estaba inerte sobre el pavimento. Yo
no sabía si estaba vivo o muerto, pero corrí hacia él, le
levanté el visor del casco, le puse el dedo en la nariz y
grité: "En el nombre de Jesús te ordeno que te levantes."

Después volví hacia el lugar donde estaba el primer
accidentado, lo subí al coche y lo llevé al hospital. Les pedí
a los otros conductores que se hicieran cargo del segundo
joven. Días después, cuando pude hablar con ese segundo

muchacho, no recordaba haber estado inconsciente ni por un segundo. Eso no me extrañó. Lo que si me extrañó fue darme cuenta de que mi propia fe había crecido lo suficiente para dar una orden tan fuerte y drástica en nombre de Jesús en medio de todas esas personas.

Las promesas son nuestra Tierra Prometida, pero tenemos que caminar por ellas y creer que somos más fuertes que gigantes y ciudades fortificadas.

¡Gloria a Dios que nos ha hecho partícipes de su naturaleza divina a través de sus promesas!

Capítulo 6:

LA PALABRA ES MEDICINA

YA HAN pasado más de veinte años desde que Dios sanó a mi primer perro. Hace un par de semanas, Tito, mi perrito actual, empezó a perder sus energías. Su decaimiento empeoró rápidamente. Le pedí a mi esposa que lo llevara al veterinario y ella quiso bañarlo antes de llevárselo. En cuanto mi esposa comenzó a bañarlo, Tito se desplomó como en un desmayo.

Cuando llegaron a la clínica, el veterinario dijo que estaba muy mal y que había que hacerle una transfusión de sangre inmediatamente, pero que estaba tan débil que aún eso podría rechazarlo y ser fatal. Su sistema inmunológico estaba atacando su sangre y su cuerpo no estaba oxigenando. Su respiración se volvió dificultosa y el perrito apenas tenía fuerzas para dar unos pasos.

OTRO PERRITO SE SANA

Mi esposa me llamó al trabajo para contarme como había empeorado desde la mañana y que el veterinario había dicho que sólo una transfusión podría quizás ayudarle. Si el perrito sobrevivía a la transfusión, posiblemente tendría que estar medicándose el resto de su vida. Yo le dije a mi esposa que pagara al veterinario y se llevara al perro a nuestra casa. Yo me salí del trabajo y me reuní con ella cuando salían de la clínica. Tomé al perrito y me lo llevé a la casa.

Comencé a orar, pero al poco tiempo de estar orando me acordé de que ni Jesús ni sus apóstoles "intercedieron" por los enfermos. Más bien, Jesús nos dio autoridad para "sanar" enfermos. Fue entonces cuando mi oración se convirtió en una proclamación de fe.

Cuando mi esposa llegó, ella también se unió a mi proclamación. No estoy hablando de una oración de minuto y medio donde uno le dice a Dios, "Por favor sana a Tito. Te lo pido en el nombre de tu Hijo Jesús." Ni mucho menos, "Sana a Tito si es tu voluntad." No, no era una petición sino una proclamación que tenía como propósito establecer en la vida de Tito lo que Jesús ya había hecho por él.

Llegó un momento en que nuestra fe creció tanto, que sabíamos que nuestra proclamación tenía muchísimo más poder que las medicinas del veterinario y aún la misma transfusión.

Continuamos nuestra proclamación por varios días. No dos o tres veces al día, sino cientos de veces. Cada vez que yo pensaba en el perrito, aunque estuviera camino del trabajo y lejos de él, proclamaba su sanación.

Hoy en día, Tito está más saludable, alegre y enérgico que nunca. Se mantiene feliz. Brinca, corre, muerde, juega y vive feliz. Hasta hace pocos minutos estuvo acostado a mis pies, pero parece que ya se fue a dormir; es casi la una de la mañana. No es mala idea. Paro yo también y continúo mañana…

"MUERTE Y VIDA ESTÁN BAJO EL PODER DE LA LENGUA"

Cuando Dios creó a Adán y a Eva, les dio dominio sobre todo lo creado y puso delante de ellos dos árboles de entre todos los árboles del paraíso: el Árbol del Conocimiento del Bien y del Mal, que representó la muerte para Adán y Eva, y el Árbol de la Vida, por el que fueron expulsados del Paraíso para que no pudieran comer más de él.

La muerte fue la recompensa de su pecado. La cruz de Cristo es el verdadero Árbol de la Vida. Podemos comer de ese árbol a través de la fe.

Los dos árboles simbolizaban el libre albedrío que Dios nos dio, y nos lo repite varias veces en la Antigua Alianza.

"Mira, yo pongo hoy delante de ti la vida y el bien, la muerte y el mal. Si escuchas los mandamientos de Yahvé tu Dios que yo te mando hoy, amando a Yahvé tu Dios, siguiendo sus caminos y guardando sus mandamientos, preceptos y normas, vivirás y te multiplicarás; Yahvé tu Dios te bendecirá en la tierra en la que vas a entrar para tomarla en posesión. Pero si tu corazón se desvía y no escuchas, si te dejas arrastrar a postrarte ante otros dioses y a darles culto, yo les declaro hoy que perecerán sin remedio y que no vivirán muchos días en el suelo que vas a tomar en posesión al pasar el Jordán. Pongo hoy por testigos contra ustedes al cielo y a la tierra: te pongo delante vida o muerte, bendición o maldición. Escoge la vida, para que vivas, tú y tu descendencia." (Deuteronomio 30:15-19)

Podríamos resumir gráficamente así la opción que Dios pone ante nosotros:

Árbol de la Vidad	Arbol del Conocimiento de Bien y del Mal
Bien	Mal
Bendición	Maldición
Vida	Muerte
Corazón que Ama	Corazón Concupiscente
Corazón Obediente a Dios	Corazón Sordo a Dios

Dios nos ha creado libres para escoger, pero Él también nos ama y recomienda que escojamos la VIDA. Cuando los israelitas se preparaban para entrar a la tierra prometida después de cuarenta años de castigo, Dios les recuerda que el poder de escoger es nuestro. Si escogemos la vida, también estamos escogiendo su bendición.

Jesús, por su Pasión, Muerte y Resurrección recupera para toda la Humanidad el dominio que teníamos al principio. La palabra de Dios nos dice que no sólo tenemos el poder de escoger la Muerte y la Vida, sino que también tenemos poder sobre la Muerte o la Vida escogiendo nuestra forma de hablar:

"Muerte y vida están bajo el poder de la lengua; el que la aprecia comerá su fruto." (Proverbios 18:21)

Seguimos siendo mortales, pero tenemos dominio sobre la Muerte y la Vida en la medida en que podamos pisar nuestra Tierra Prometida y caminar sobre las promesas de Dios. Jesús lo asegura cuando dice:

"Curen enfermos, resuciten muertos, purifiquen leprosos, expulsen demonios. Gratis lo recibieron; denlo gratis." (Mateo 10:8)

He visto a tantas personas confundidas tratando de descubrir "sus dones." No tenemos que ayunar cuarenta días para saber que "los campos están listos para la cosecha." (Juan 4:35) Jesús ya nos ha comisionado a ir por todo el mundo a proclamar la buena nueva, y nos asegura:

"Estas son las señales que acompañarán a los que crean: en mi nombre expulsarán demonios, hablarán en lenguas nuevas, tomarán serpientes en sus manos y aunque beban veneno no les hará daño; impondrán las manos sobre los enfermos y se pondrán bien." (Marcos 16:17-18)

No solamente estamos escogiendo el Bien, sino que estamos haciendo mucho más: estamos obedeciendo sus mandatos, proclamando nuestra fe y caminando sobre sus promesas. El poder se nos da cuando aceptamos el encargo que nos dio Jesús y proclamamos con nuestros labios: "en el nombre de Jesús: Vivid, manteneos sanos, limpios y sed libres."

LA PALABRA PUEDE SALVAR SUS VIDAS

Cuando hablo en mis seminarios acerca del poder de las palabras, le pido a mi audiencia que señalen en sus biblias el siguiente pasaje que vimos anteriormente:

"Yo les aseguro que el que diga a ese cerro: ¡Levántate de ahí y arrójate al mar!, si no duda en su corazón y cree que sucederá como dice, obtendrá lo que dice. Por eso les digo: todo lo que pidan en la oración, crean que ya lo han recibido y lo obtendrán." (Marcos 11:23-24)

Cualquiera de esos dos versículos puede salvar sus vidas si algún día se encuentran luchando contra una enfermedad incurable. El apóstol Santiago confirma el poder de las palabras:

"Por eso, desechen toda inmundicia y abundancia de mal y reciban con docilidad la palabra sembrada en ustedes, que es capaz de salvar sus vidas." (Santiago 1:21)

Santiago no sólo dice que la palabra sembrada puede restaurarnos a la vida, sino que también dice que saquemos la inmundicia y abundancia del mal con la que generalmente llenamos nuestros corazones y nuestras bocas. No podemos proclamar que las promesas de sanación son nuestras y pasar la mayoría del tiempo quejándonos de todo lo que sufrimos y diciendo: "¿Por qué yo?" Es como decir, ¿Por qué yo y no algún pelirrojo barrigón al otro lado de la ciudad o del mundo?

La palabra se siembra en nuestro corazón. Es allí donde se están mezclando la semilla de la palabra con la tierra abonada por la fe. Cuando esa semilla nazca, hablará nuevamente y esas palabras serán Muerte o Vida dependiendo del tipo de semilla que haya sido sembrada:

"El hombre bueno, del buen tesoro del corazón saca lo bueno, y el malo, del malo saca lo malo. Porque de lo que abunda en el corazón habla su boca." (Lucas 6:45)

Es por eso por lo que debemos sembrar la palabra de Dios generosamente en nuestros corazones, para poder cosechar generosamente. Llenemos nuestro corazón con la Palabra para que esa abundancia hable nuestra boca y sostenga nuestro mundo.

LA PALABRA ES MEDICINA

El libro de proverbios llama a la palabra de Dios "medicina:"

> *"Hijo mío, atiende a mis palabras, presta oídos a mis razones. No las pierdas de vista, consérvalas en tu corazón. Pues son vida para quienes las encuentran y medicina para todo el cuerpo. Por encima de todo, vigila tu corazón, porque de él brota la vida." (Proverbios 4:20-22)*

La palabra, "marpê'" que a veces es traducida como "salud" significa literalmente "medicina." Sería imposible que cualquier enfermedad, por mortal que sea, pudiese resistir la palabra y medicina de Dios. ¿Por qué confiamos más en una pastilla que en su palabra?

Cuando estamos enfermos, quizá con una gran gripe, fiebre y malestar en todo el cuerpo, ¿cuántas veces al día tenemos que tomar nuestras medicinas? Si las Escrituras nos dicen que la palabra es medicina, deberíamos también "tomar" la palabra de Dios cuando estemos enfermos. Tenemos que resistir esa enfermedad; eso es lo que las medicinas nos ayudan a hacer a través de su poder curativo. Cuánto más enfermos estemos, más necesidad tendremos de tomar medicinas.

La mayoría de las medicinas comunes se toman por lo general tres veces al día. Nosotros deberíamos proclamar las promesas de Dios mañana, tarde y noche. Proclamar con fe. No leer, sino proclamar con nuestras lenguas, pues la Muerte y la Vida están bajo el poder de la lengua.

No hay medicina más poderosa que la palabra de Dios. Dios nos quiere sanos. Por eso Jesús sufrió voluntariamente, tomando nuestras enfermedades sobre Sí mismo para darnos Vida plena.

Jesús sanó a los oprimidos por el demonio. La Virgen María ha sanado en todos los principales lugares de peregrinación. Los santos beatificados han sanado a través de su intercesión. Nosotros también podemos sanar y sanarnos, y estamos autorizados por Jesús para hacerlo en su nombre. Dios Padre…

"Envió su Palabra y los sanó." (Salmo 107:20)

Capítulo 7:

CAMINANDO SOBRE PROMESAS

LREDEDOR DE 1990, yo trabajaba en una compañía de ingeniería en la que tenía muchos proyectos al mismo tiempo. No sabía cómo coordinarlo todo e invariablemente siempre me retrasaba. Mientras tanto, en mi casa la hierba estaba sin cortar; los coches sin cambiar el aceite y algunos proyectos personales estaban olvidados. Todo era caótico y confuso.

"ORDEN ES MOVIMIENTO"

Era mi costumbre ir de noche a la iglesia cuando estaba vacía y rezar ante el Santísimo. Una noche, mientras oraba fervorosamente a Dios y le pedía que me ayudara a poner orden en mi vida, tuve una visión. Ví algo similar al sistema solar flotando frente a mí. Todos los planetas estaban en movimiento y yo los miraba asombrado. De pronto, oí una voz dentro de mí que dijo: "¡Orden es movimiento!"

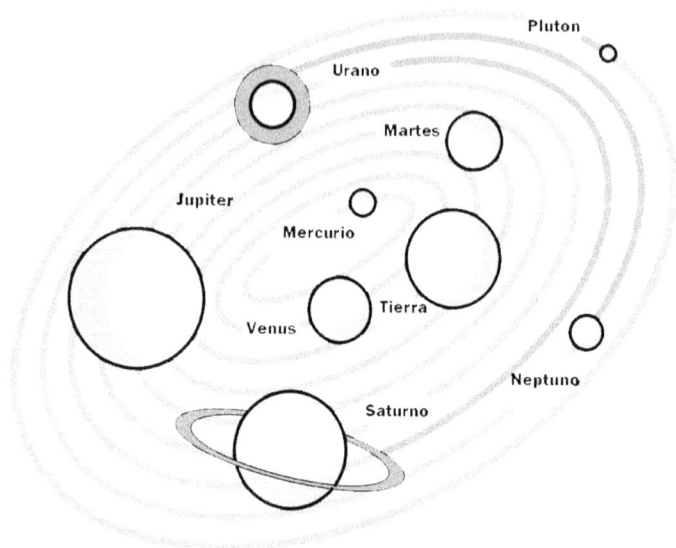

Seguí mirando y vi que el Sistema Solar siempre ha mantenido su orden, y ese orden es lo que mantiene el equilibrio.

La voz interna dijo: "Observa que el planeta más cercano al sol no es el más grande. Del mismo modo, la parte más importante de tu vida, es decir, tu vida espiritual que es la más cercana a Dios, no es la que más tiempo te ocupa. El planeta más grande está más alejado del Sol. Del mismo modo, tu trabajo que es el área de tu vida que consume la mayoría de tu tiempo, no es la parte más importante de tu vida."

Muchas veces he leído libros acerca de cómo planear mi tiempo de forma más eficaz. Incluso en el trabajo nos daban agendas y asesoramiento de cómo administrar nuestro tiempo. Pero todo asesoramiento implicaba que el tiempo principal que tenemos que planear es el de nuestro trabajo; después, como cosa secundaria, podemos planear nuestra vida familiar.

Dios estaba revolucionando mi manera de pensar y me dijo: "Descubre cuales son los planetas en tu vida y dales movimiento continuo a todos ellos. Unos son más importantes y otros menos importantes. Unos se mueven más rápido que otros y necesitan más de tu tiempo. Pero todos necesitan movimiento. Si hay desorden, tendrías que parar uno de tus planetas para dedicarte al otro como Josué tuvo que detener el sol hasta terminar su batalla. Pero el orden está en el movimiento que le des a todo el conjunto de planetas."

Desde ese día, empecé a planear mi vida de una forma completamente diferente. Primero tenía que descubrir y definir mis planetas:
- Espiritualidad
- Familia
- Ministerio
- Talentos – Incluyendo mi Trabajo
- Salud
- Finanzas
- Mantenimiento
- Plan

Necesitaba visitar cada planeta regularmente para que ninguno se estancara, pero sólo los principales planetas requerían visitas diarias. A otros podría dar movimiento periódicamente, pero no diario.

He trabajado en compañías donde han amenazado con despedir a sus empleados para obligarlos a trabajar algún domingo. Asumir una autoridad despótica sobre el empleado es un robo de la libertad. "El trabajo fue hecho para el hombre y no el hombre para el trabajo" (Laborem Exercens, Encíclica, John Paul II).

MI PROPIO CREDO

Cuando era un estudiante universitario, leí un libro de negocios que estaba escrito como un cuento. En el cuento, un vendedor se encuentra misteriosamente con un maestro que le enseña a transformar su manera de pensar. Durante un mes entero, el vendedor tiene que llevar un símbolo en su camisa y leer al levantarse y al acostarse, una serie de proverbios para subir su autoestima y acostumbrarse a pensar positivamente.

Yo hice el ejercicio, y durante un mes entero anduve con un pedacito de tela sobre el cuello de mi camisa y todos los días leí los proverbios del libro.

Eso fue en los años 70, y recuerdo muy pocos de los proverbios. Sin embargo, me imagino que ese ejercicio que hice como joven universitario me ayudó años después a escribir una serie de proclamaciones basadas en la palabra de Dios para renovar mi mente e incrementar mi fe.

La primera serie de proclamas que escribí las titulé, "Profesión de Fe." Ya no debe de existir en su forma original. La utilicé durante un tiempo y después la olvidé en mis archivos. Poco antes del inicio del año 2003, me acordé de su existencia, la busqué hasta encontrarla y revisé mi Profesión de Fe para adaptarla a mi nueva situación de vida. Ése fue el año en que me mudé a trabajar al estado de Luisiana y dejé Alabama.

Mañana y noche leía mi Profesión de Fe, que tenía 12 páginas llenas de pasajes bíblicos. Fui bastante fiel a leer con fe la colección de promesas todos los días del año.

Cuando hice la revisión de esa Profesión de Fe, decidí organizarla de acuerdo con los "planetas" que había identificado y cubrirlos todos. Sé que las palabras de esa profesión de fe fueron palabras bien sembradas en mi corazón y que esas semillas continuaran dando frutos toda mi vida.

Esa profesión de fe que confesé día y noche por un

año entero trajo muchas bendiciones a mi vida y me ha llevado poco a poco al ministerio que ahora desempeño.

"MANTÉN MI PALABRA EN TU BOCA"

Santiago habla del poder de la oración y nos pone como ejemplo a Elías. Santiago no se refiere a Elías como un súper santo, sino como un hombre como cualquiera de nosotros, y dice:

> *"La oración ferviente del justo tiene mucho poder. Elías era un hombre de igual condición que nosotros; oró insistentemente para que no lloviese, y no llovió sobre la tierra durante tres años y seis meses. Después oró de nuevo y el cielo dio lluvia y la tierra produjo su fruto. (Santiago 5:16-18)*

También Josué, que era otro hombre como cualquiera de nosotros y sirviente de Moisés, paró el sol por un día entero. Josué había sido uno de los doce espías a quienes Moisés mandó a la tierra prometida, Canaán. Josué y Caleb creyeron en el poder de Dios de darles la tierra mientras que los otros diez espías no tuvieron fe y hablaron en contra de lo que Dios había prometido.

Sólo Josué y Caleb pudieron entrar en la tierra prometida 40 años después, y aunque ya más viejos, todavía conservaban su valor como soldados y lucharon juntos por conquistar la tierra. Moisés no pudo entrar. Sólo pudo ver la tierra desde una montaña donde murió, pero antes de subir la montaña, bajo las órdenes de Dios, había dejado a Josué el encargo de guiar a Israel a la conquista de la tierra prometida.

Cuando Josué se prepara para conquistar la tierra prometida, Dios se le aparece y le dice:

"Sé fuerte y valiente, porque tú vas a dar a este pueblo la posesión del país que juré dar a sus padres. Basta que seas muy fuerte y valiente, teniendo cuidado de cumplir toda la Ley que te dio mi siervo Moisés. No te apartes de ella ni a la derecha ni a la izquierda, para que tengas éxito adondequiera que vayas. No se aparten las leyes de este libro de tus labios: medítalo día y noche; así procurarás obrar en todo conforme a lo que en él está escrito, y tendrás prosperidad y éxito en tus empresas. ¿No te he mandado que seas fuerte y valiente? No tengas miedo ni te acobardes, porque Yahvé tu Dios estará contigo adondequiera que vayas." (Josué 1:6-9)

Éstas fueron las palabras de Dios que sirvieron como última instrucción a Josué antes de entrar a la tierra prometida. Ya Josué había probado su fe durante cuarenta años, pero ésta era la hora de conquistar. Dios lo instruye. La tierra prometida es grande, con muchas ciudades y muchas tribus. Josué tiene que conquistarlas una por una y Dios le dice como hacer que sus promesas se cumplan.

QUÉ HACER PARA QUE LAS PROMESAS SE CUMPLAN

Nosotros también tenemos tierras prometidas en las que podemos y debemos marchar para recibir la abundancia que Dios nos ha dejado como herencia. Las instrucciones a Josué son también nuestras instrucciones:

- Se fuerte y valiente

- Cumple la ley de Dios y no te apartes de ella

- Mantén la palabra de Dios en tus labios

- Medita la palabra y obra de acuerdo con ella

- Tendrás prosperidad y éxito en tus obras

- No tengas miedo ni te acobardes

- Yo estoy contigo

Nuestras tierras prometidas son todas las promesas que Dios ha hecho por nosotros. Si Jesús vino a darnos vida y vida en abundancia, eso significa que se ha ocupado de nosotros realizando las correspondientes provisiones. Esas provisiones nos son dadas en forma de promesas, es decir, Dios nos revela lo que Él ya ha hecho por nosotros y nos lo da a través de la fe.

Esas promesas nos hacen partícipes de la divinidad de Dios. Las promesas nos hacen verdaderas semillas de Dios y nos devuelven el poder de dominar la tierra.

Sin embargo, nosotros mismos somos los encargados de delimitar la tierra que se nos ha prometido. Cuando Dios le enseño la tierra prometida a Abraham, le dio una idea de su extensión, pero le dijo a Abraham que el límite de esa tierra la definiría él mismo. Una vez más, las instrucciones para Abraham son también nuestras instrucciones:

"Todo lugar que sea tocado por tus pies será tuyo."
(Deuteronomio 11:24)

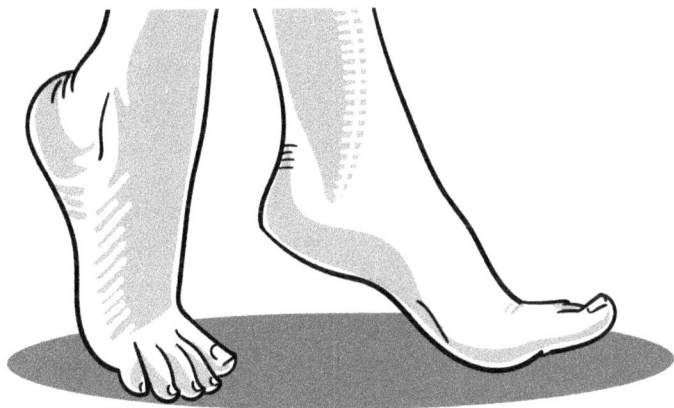

Toda promesa que se encuentra en la Biblia puede ser nuestra, si queremos tomarla. Ésa es nuestra Canaán.

En el siglo XIX, Charles Spurgeon, a quien le llamaban "El Príncipe de los Predicadores," usó una metáfora maravillosa para describir la manera de hacer nuestra cualquier promesa hecha por Dios. El la llamó: "La Chequera de la Fe." Sólo podemos escribir cheques contra cada depósito que Dios ha hecho en nuestra cuenta de promesas. Podríamos llamar a un cheque, una nota promisoria y el que hace la promesa es Dios.

DERRIBANDO CIUDADES FORTIFICADAS

Cuando los doce espías regresaron de sus cuarenta días de exploración, los diez que llenaron de miedo al pueblo de Israel, se sentían incapaces de conquistar dos fuerzas con las que contaban los enemigos: las ciudades fortalecidas y los gigantes que habitaban la tierra.

Cuando Josué entra con el pueblo de Israel a poseer la tierra, uno de los primeros obstáculos que tiene que vencer es el de una de las ciudades fortificadas más conocidas en la historia del mundo, Jericó. Éstas son las instrucciones que Dios dio a Josué para conquistar Jericó:

> *"Mira, yo pongo en tus manos a Jericó y a su rey. Vosotros, todos los hombres de guerra, rodearéis la ciudad, dando una vuelta alrededor. Así harás durante seis días. Siete sacerdotes llevarán delante del arca las siete trompetas de cuerno de carnero. El séptimo día darán la vuelta a la ciudad siete veces y los sacerdotes tocarán las trompetas. Cuando suene el cuerno de carnero, todo el pueblo prorrumpirá en un gran alarido y el muro de la ciudad se vendrá abajo. Y el pueblo se lanzará al asalto, cada uno por el lugar que tenga enfrente."*
> *(Josué 6:2-5)*

En otras palabras, lo que tienen que hacer es pisar los límites de la ciudad que Dios les ha prometido e irrumpir en un grito de victoria.

¿Podríamos nosotros hacer lo mismo si algún día llegásemos a recibir el diagnóstico de una enfermedad incurable? ¿Podríamos caminar sobre las promesas de sanación que Dios nos ha dado, para delinear los límites de lo que una enfermedad puede o no puede hacer en nosotros?

Cada uno responderá de acuerdo con su fe, pero Dios quiere que lo hagamos. Él ya hizo su parte: "Mandó su palabra y nos sanó." Nuestras trompetas cargadas por sacerdotes al frente del arca, son la proclamación de lo que Cristo ha hecho para redimirnos y sanarnos. El nombre de Jesús es nuestro grito de victoria y no hay pared de enfermedad alguna que no se derribe ante nuestras proclamaciones y nuestros gritos. ¡Es promesa de Dios!

¡Caminemos, gritemos… y obtendremos!

DECAPITANDO GIGANTES

Otro de los grandes miedos de los israelitas eran los gigantes. Ese miedo lo vemos resurgir en el tiempo de los reyes, en otra historia famosa: la de David y Goliat.

En aquél entonces, David era todavía un jovencito y lo habían enviado a llevar comida a sus hermanos, que ya eran verdaderos guerreros. Ese día, hasta el mismo rey Saúl, que era un hombre más alto que el resto del pueblo, estaba atemorizado por un gigante filisteo que los desafiaba.

Cuando llega David y se encuentra con esa escena, se enfurece, como habían hecho Caleb y Josué siglos antes, y se ofrece para ir en contra del gigante. Al principio sus hermanos se burlan, pero como nadie más se ofrece, Saúl lo manda llamar. Saúl acepta la propuesta de David y trata de ponerle su armadura para luchar contra Goliat, pero David no se siente conforme con armadura ajena y se la quita.

Goliat despreció a David y lo maldijo por sus dioses diciéndole que lo iba a despedazar y a darlo de comer a las aves del cielo y las fieras del campo. Pero David se levanta valiente en contra de la maldición y proclama con fe:

"Tú vienes contra mí con espada, lanza y jabalina, pero yo voy contra ti en nombre de Yahvé Sebaot, Dios de los ejércitos de Israel, a los que has desafiado. Hoy mismo te entrega Yahvé en mis manos, te mataré y te cortaré la cabeza y entregaré hoy mismo los cadáveres del ejército filisteo a las aves del cielo y a las fieras de la tierra, y sabrá toda la tierra que hay Dios para Israel. Y toda esta asamblea sabrá que no por la espada ni por la lanza salva Yahvé, porque de Yahvé es el combate y os entrega a vosotros en vuestras manos." (I Samuel 17:45-47)

Después que David proclamó su fe, corrió valientemente hacia Goliat. Fue una confrontación directa y fuerte. David no podía esperar para poseer su tierra prometida; tenía que correr y vencer rápidamente. Esa era su fe.

PROMESAS IMPLÍCITAS

Vimos anteriormente que "la fe empieza cuando se conoce la voluntad de Dios." La voluntad de Dios se nos revela hoy en día en sus promesas.

David dijo a Goliat: "hoy mismo te entrega Yahvé en mis manos." ¿Cómo puede David proclamar eso si no tiene una promesa explícita de Dios? Lo puede hacer porque conoce el corazón y la intención de Dios. Si conocemos la voluntad de Dios para con nosotros, entonces su voluntad particular o específica es una promesa implícita, no dicha.

En el pasaje famoso acerca de la fe en Hebreos 11, descubrimos que Abraham esperaba que Dios resucitara a Isaac, aunque él tuviera que matarlo y quemarlo en sacrificio. Cada vez que yo escuchaba este pasaje de la Biblia, me preguntaba cómo sabría Abraham que Dios resucitaría a Isaac si nunca había habido una resurrección de un muerto hasta ese entonces. Su fe no tenía fundamento histórico. Lo sabía porque Dios le había prometido una innumerable descendencia como la arena del mar y las estrellas del cielo a través de Isaac.

Aunque nosotros no tengamos una promesa directa, podemos inferir la voluntad de Dios a través de otras promesas y a través de nuestra relación diaria con él.

Otro ejemplo es el del naufragio de Pablo cuando la culebra venenosa lo mordió. Pablo simplemente se sacudió la culebra de su brazo y la tiró al fuego. Él sabía que no iba a morir porque Jesús ya le había dicho que tendría que ir a Roma.

Tenemos innumerables promesas explícitas de las cuales se pueden derivar otras implícitas.

Dios nos ha prometido que podemos vivir hasta los setenta años (Salmo 90:10). Por lo tanto, no deberíamos temer si a los 58 años nos dicen que sólo tenemos seis meses de vida. Lo único que tendríamos que hacer es agarrar nuestra espada, la palabra de Dios, y empezar a clavarla en ese diagnóstico a ver quién aguanta más. No tenemos que correr a ministros y profetas para ver si Dios quiere sanarnos o no.

Por otro lado, hubo un día en que no pude aferrarme a esa promesa. Mi padre tuvo un paro renal y estaba a punto de la muerte. Recibí una llamada de mi hermano para que regresara al país lo más pronto posible, pues quizás no llegaría a tiempo para ver a mi padre vivo.

En el avión oraba y le recordaba a Dios que ya mi papá era mayor y esa promesa de 70 años ya la había superado. Además, ya un sacerdote le había administrado los sacramentos finales y su espíritu estaba listo para partir, aunque su alma no lo estaba.

Llegué y mi padre todavía vivía. A la mañana siguiente llegó un trabajador evangélico que había construido una iglesita en el campo. Lo primero que me dijo es que le había pedido a su gente que ayunara y orara por mi papá. Terminó diciendo, "Todos los 37 miembros están orando y ayunando por él."

Inmediatamente me levanté y dije, "Ya no necesito discernir la voluntad del Señor. Yo sé que hará lo que le pidamos." Entramos al cuarto, oramos… y el Señor sanó a mi padre. Habían pasado siete horas desde que un médico nos hubiera dicho que el nunca más recuperaría. ¡Gloria a Dios!

Tengamos nuestros pies calzados con la preparación (el estudio) del evangelio de la paz (Efesios 6:15). No esperemos hasta que llegue a nuestras puertas una enfermedad gigantesca para empezar a buscar promesas y a llorar con angustia tratando de encontrar nuestros granitos de mostaza.

"Pero teniendo aquel espíritu de fe conforme a lo que está escrito: Creí por eso hablé, también nosotros creemos, y por eso hablamos…" (II Corintios 4:13)

Proclamemos desde ahora las promesas. Como medicina si estamos enfermos o como prevención si queremos vivir una vida saludable.

Las promesas de Dios vencen a todos nuestros enemigos en cualquier "planeta" de nuestro sistema solar personal en el que se hayan plantado como ciudades fortalecidas y como gigantes.

"¡No! Las armas de nuestro combate no son terrenales, sino que son fuertes en Dios y capaces de arrastrar fortalezas. Deshaciendo falsedades y toda arrogancia que se levante en contra de lo que conocemos de nuestro Dios, reduciendo al cautiverio toda imaginación y sometiéndola a Cristo." (II Corintios 10:4-5)

Capítulo 8

CAMBIO DE PALABRAS - CAMBIO DE DESTINO

CAMINAMOS POR la fe y tenemos que desarrollar una visión que nos eleve de la "realidad" en que vivimos a la "verdad" prometida por Dios. Tenemos que entrar a la tierra prometida y dejar de hablar de lo poderoso que parece contra nosotros lo que hemos visto, sentido y espiado en el mundo. Proclamemos lo que Dios nos promete y cambiemos de enfoque y dirección.

La verdad nos dice que tenemos autoridad sobre toda la realidad.

"He aquí, os doy potestad para pisotear serpientes y escorpiones, y sobre todo el poder del enemigo, y nada podrá haceros daño." (Lucas 10:19)

Ya sabemos cómo hacerlo. Sabemos que tenemos autoridad en nuestras palabras llenas de fe. Pero hay algo más que nuestras palabras pueden hacer. No estamos limitados a defendernos de los ataques contra nosotros, sino que podemos adentrarnos a nuestra tierra prometida caminando sobre las promesas de Dios hacia una vida plena.

"He aquí, nosotros ponemos freno en la boca de los caballos para que nos obedezcan y dirigimos así todo su cuerpo. Miren también las naves; aunque son tan grandes y llevadas por vientos impetuosos, son gobernadas con un timón pequeñísimo por donde quiera llevarla el que la gobierna. Así también la lengua es un miembro pequeño, pero se jacta de grandes cosas. He aquí, ¡cuán gran bosque incendia un pequeño fuego!" (Santiago 3:3-5)

Santiago sabe que es posible dirigir nuestras vidas donde nosotros queramos a través de nuestras palabras, pero nos advierte que la lengua es difícil de gobernar. Sólo el Espíritu de Dios nos puede ayudar a hacerlo:

"Y se llenaron del Espíritu Santo y empezaron a hablar..." (Hechos 2:4)

Dios nos ha traído a la Tierra Prometida y espera que entremos y la poseamos. El evangelio es la buena nueva de la herencia que Jesús nos dejó. Tenemos que aceptar el compromiso que Dios le pidió a Josué de ser fuertes y valientes, de obedecerlo, y de mantener su palabra en nuestros labios. Sólo así podremos gobernar nuestra lengua y orientar nuestras vidas.

HACIENDO LO QUE VEMOS AL PADRE HACER

En el capítulo 3 vimos que "Dios sostiene al Universo con la palabra de su Poder" (Hebreos 1:3). También en el Génesis vemos como Dios, después de crear la luz, empieza a poner orden a su Creación y a establecer límites:

"Vio Dios que la luz era buena, y apartó Dios la luz de la oscuridad; y llamó Dios a la luz "día," y a la oscuridad la llamó "noche." Y atardeció y amaneció, el primer día." (Génesis 1:4-5)

Dios usó su palabra para crear y usó su palabra para establecer orden. Ese orden sigue siendo sostenido con la palabra de su poder.

Dios separó la tierra de las aguas y estableció los límites del mar. Ese límite lo estableció por un decreto, que implica autoridad legal y palabra de poder:

"¿Quién encerró con puertas el mar, cuando se derramaba saliéndose de su seno, cuando puse yo nubes por vestidura suya, y por su faja oscuridad, y establecí sobre él mi decreto; le puse puertas y cerrojo, y dije: Hasta aquí llegarás, y no pasarás adelante, y ahí parará el orgullo de tus olas? (Job 38:8-11)

Nosotros llevamos la semilla de Dios y él nos da un ejemplo de cómo también nosotros podemos separar la oscuridad de nuestras vidas y decretar límites a aguas desbordadas con las que el maligno nos quiere atacar.

"Las cosas secretas pertenecen a Dios, mas las reveladas son para nosotros y para nuestros hijos para siempre..."
(Deuteronomio 29:29)

Dios nos revela lo que él hace para que nosotros hagamos lo mismo.

EXAMEN Y PLACA DE RAYOS X ACTUAL

Para poder prescribir un tratamiento adecuado, un médico empieza por hacer un examen que incluye cuestionarios y placas de Rayos X actuales.

¿Dónde nos duele? ¿Qué cosa no marcha bien? ¿Hay un historial que pueda revelarnos algo? ¿Qué muestran las placas?

Hace poco tuve que llenar una aplicación para tomar unas clases y me extrañó que la aplicación pidiera una foto reciente además del formulario de diez páginas. La explicación era: "para reconocerlo más fácilmente cuando llegue a las clases."

En la mayoría de los programas de cómo administrar el tiempo o de cómo perder peso, lo primero que recomiendan es llevar un horario de una semana y escribir cómo estamos usando nuestro tiempo actualmente, o qué estamos comiendo hora tras hora a través de nuestros días. Eso sirve de radiografía inicial, pero pocos están dispuestos a hacerlo.

Si nosotros no estamos conformes con nuestras vidas; si no somos prósperos, si no tenemos salud, si nuestros hijos no son felices, entonces deberíamos examinarnos. Deberíamos también examinar nuestras palabras, pues son ellas las que forman y sostienen nuestro mundo.

QUÉ HACER PARA CAMBIAR DE DIRECCIÓN

Hay una inmensa diferencia entre la realidad y la verdad.

La realidad es el producto de las palabras y de la batalla que hemos librado contra Satanás, el mundo y la carne. La palabra de Dios hizo la creación y las palabras de los hombres han creado la historia y crean las situaciones en las que nos encontramos.

La verdad es la Palabra de Dios, tanto la palabra escrita, como la palabra encarnada: Jesús, el Verbo Divino.

"Yo soy el Camino, la Verdad y la Vida." (Juan 14:6)

No toda realidad es mala. Hay realidad que es producto de la verdad y hay realidad que es producto de la mentira.

"Éste era criminal desde el principio, y no se mantuvo en la verdad, porque no hay verdad en él; cuando dice la mentira, dice lo que le sale de dentro, porque es mentiroso y padre de la mentira." (Jun 8:44)

Toda verdad es buena, pues es palabra que procede de Dios:

"Toda dádiva buena y todo don perfecto viene de lo alto, desciende del Padre de la Luz, en quien no hay cambio ni fase de sombras." *(Santiago 1:17)*

La palabra de Dios es la espada de doble filo que podemos usar para abrirnos un camino nuevo y cambiar la dirección de nuestras vidas.

Si nuestro examen personal, nuestro Rayos X, nos muestran áreas en las que necesitamos ayuda, entonces podemos empezar a reedificar esa área proclamando sobre ella la verdad...

"Y conoceréis la Verdad y la Verdad os hará libres." *(Juan 8:32)*

Si no conocemos la palabra de Dios, no conocemos la Verdad. Es por eso por lo que aceptamos la realidad tangible y palpable con más facilidad que la verdad prometida.

El diagnóstico de un médico ha sido un veredicto de muerte hasta para personas de mucha fe. Peor aún, hay persones que se auto pronostican enfermedades futuras.

Desde que mi madre pasó con éxito por el quirófano para extirparle un cáncer, nunca paró de decir que el cáncer le iba a salir por otro lado y así fue.

Capítulo 9

DOMANDO LA LENGUA

MUCHAS VECES que he preguntado a alguien cómo está me responde contándome cómo Satanás lo ha atacado durante toda esa semana. Puede ser que las personas crean ser más espirituales mientras más atacadas son, pero yo personalmente nunca quiero glorificar las obras de Satanás.

Una vez me atreví a responderle a una buena amiga que hacía eso con frecuencia, "Primero cuéntame lo que Jesús ha hecho por ti y después cuéntame si quieres lo que Satanás ha hecho. Primero dale gloria a quien merece la gloria."

Por otro lado, muchas personas creen que te están ayudando si te cuentan todos los chismes que otros dicen de ti. En realidad, sólo contribuyen a la división entre hermanos. Posiblemente son personas buenas que vienen con buenas intenciones... pero que no han logrado controlar sus lenguas.

"En cambio ningún hombre ha podido domar la lengua; es un mal turbulento; está llena de veneno mortífero." (Santiago 3:8)

Estos ejemplos muestran lo que sale de nuestros corazones y que deberíamos erradicar de nuestras bocas. Sin embargo, considerando hasta qué punto ha llegado la corrupción de nuestro hablar, si tratáramos de erradicar lo malo que sale de nuestras bocas terminaríamos arrancándonos la lengua.

AFIRMACIONES NEGATIVAS

¿Cómo podemos espera una vida próspera si constantemente nos atacamos a nosotros mismos y a los demás?

Una traducción de Proverbios abre el secreto de los que somos:

"Como un hombre piensa en su corazón, así es él." (Proverbios 23:7)

La boca habla lo que el corazón cree; entonces las

palabras lo establecen. Tarde o temprano se convertirá en realidad, sea bueno o malo, sea verdad o mentira.

A Satanás lo hace feliz nuestra ignorancia, pues esa ignorancia le abre las puertas y él puede sembrar sus mentiras en nuestro hablar y en nuestros corazones.

"Perece mi pueblo por falta de conocimiento." (Oseas 4:6)

No es sólo una persona la que perece, sino que una Iglesia y un pueblo enteros. Poco a poco la mentira se va apoderando de nuestras mentes ignorantes de la verdad y esas mentiras terminan sembradas en nuestros corazones y profesadas por nuestros labios:

- "Nunca voy a poder salir de esta situación."
- "Cada vez que tengo un poco de dinero extra, se me va volando."
- "Esta mujer me va a volver loco."
- "Este muchacho malcriado va a terminar preso."
- "Se ve riquísimo, pero ni lo pruebo porque sé que me sentaría mal."
- "El rico se hace más rico y el pobre se hace más pobre."
- "Yo no sirvo para nada."
- "Matar a ese hombre sería desperdiciar balas."
- "Eso me pasa por bruto."
- "Cada vez que llueve, me enfermo."
- "¿Para qué planear el viaje si sabemos que no vamos a tener dinero para ir?"

AFIRMACIONES POSITIVAS

El pesimismo o el optimismo son reflejos de lo que abunda en el corazón de cada persona e influye en sus palabras. Una persona optimista está más inclinada a hablar positivamente que una persona pesimista.

Cuenta una historia que un padre tenía dos hijos, uno pesimista y el otro optimista. Él quería aprender cómo funcionaba la mente de los dos niños y decidió hacer una prueba. Al niño pesimista lo metió en un cuarto en donde estaba un lindo caballito pony. Al niño optimista lo metió en un cuarto donde estaba una alta montaña de estiércol. El padre observó al niño pesimista, quien desde el momento en que entró en el cuarto se llenó de miedo pensando que el pony lo iba a patear. Tampoco se atrevía a montar sobre el pony por miedo de que el pony lo botara. Su pesimismo era basado en sus miedos. Al llegar al otro cuarto, el padre no pudo ver al niño optimista y entró a buscarlo. El niño estaba enterrado en la montañita tirando manotadas de estiércol para afuera. El papá, asustado, le dijo, "¿Qué haces, hijo?" El niño respondió, "¡Con todo el estiércol que hay aquí, tiene que haber un pony escondido!"

Poco después de llegar a este país, comencé a vender libros de casa en casa. La compañía me mandó a Virginia y mis compañeros y yo desayunábamos juntos antes de salir a nuestros respectivos territorios.

Una de las prácticas impuestas por la compañía, era que después de desayunar juntos, teníamos que salir a un lugar al aire libre, tomarnos de las manos y brincar en círculo cantando canciones positivas para animarnos unos a otros. También nos enseñaban a repetir frases positivas durante el día para mantenernos animados. Una de las frases de las que me acuerdo era: "Si actúo con entusiasmo, seré entusiástico."

Mucha gente considera esas prácticas como un lavado de cerebro, y podrían llegar a usarse así. Pero si gentes de todo el mundo han descubierto la efectividad de usar afirmaciones positivas para renovar nuestras mentes y dirigir nuestras vidas, es porque funcionan.

"El señor alabó al administrador injusto porque había obrado con sagacidad, pues los hijos de este mundo son más sagaces con los de su clase que los hijos de la luz." (Lucas 16:8)

AFIRMANDO LA VERDAD

El optimismo es muy positivo y puede ayudar a tener una vida mejor. Sin embargo, ni el optimismo ni el positivismo son necesariamente morales. Un cirujano, un deportista, o un soldado pueden ser optimistas, pero también lo puede ser un adúltero, un ladrón y un mentiroso.

Ser positivo ayuda, pero la verdadera transformación no consiste simplemente en ser positivos, sino en establecer la verdad en nuestras vidas proclamando la palabra de Dios como algo que ya es nuestro.

"Y no se acomoden al mundo presente, antes bien

transfórmense mediante la renovación de su mente, de forma que puedan distinguir cuál es la voluntad de Dios: lo bueno, lo agradable, lo perfecto." (Romanos 12:2)

Tenemos que renovar nuestras mentes con la palabra de Dios. Esa es nuestra responsabilidad. Dios nos manda maestros y ministros para darnos ayuda, pero la responsabilidad de instruirnos nosotros y de instruir a nuestros hijos es nuestra y no la podemos delegar.

JACULATORIAS

Desde el principio del cristianismo, la Iglesia ha usado oraciones breves y proclamaciones fervorosas y bíblicas llamadas "jaculatorias." Ellas nos ayudan a mantener la mente fija en nuestra dependencia en Dios.

Una de las oraciones que más he usado como jaculatoria es:

"¡Señor Jesús, hijo de Dios vivo! ¡Ten compasión de mí, que soy pecador!" (Lucas 18:13)

Y una de las proclamaciones que más he usado como jaculatoria es:

"¡Yo tengo poder de lo alto! (Lucas 24:49)

Las jaculatorias no son necesariamente una repetición literal de las citas bíblicas, sino que son adaptaciones que apropian las promesas que Dios nos hace.

"Todo lo puedo en aquél que me fortalece." (Filipenses 4:13)

Ésta es una jaculatoria literal que estamos personalizando; mientras que:

"El Espíritu Santo que está conmigo es más grande que el espíritu que está en el mundo." (I Juan 4:4)

es una jaculatoria adaptada, o sea, brevemente editada para apropiarla como nuestra y ser nosotros los sujetos de la promesa.

Otra de mis jaculatorias favoritas y lema de nuestro Ministerio de Liberación, es:

"Les he dado potestad para pisotear sobre serpientes y escorpiones y sobre todo el poder del enemigo y nada podrá de manera alguna hacerles daño." (Lucas 10:19)

Una vez el Señor me dijo: "Nunca aceptes confusión como algo tuyo." Eso abrió mis ojos. Tener mucho que hacer significa que hay que planear, no que uno está confundido. La confusión es una mentira satánica que paraliza.

Para cualquier enfermedad, no he encontrado jaculatoria más efectiva que:

"Por sus llagas, ya he sido sanado." (Isaías 53:5)

En la necesidad:

"Mi Dios suplirá todas mis necesidades de acuerdo con sus riquezas y generosidad en Cristo Jesús." (Filipenses 4:19)

Las jaculatorias nos ayudan a renovar nuestras mentes y a purificar nuestros labios. Su repetición continua es más efectiva que escuchar sermones. Las jaculatorias apropian la palabra de Dios.

Otra de las maneras de renovar nuestras mentes y de domar nuestras lenguas es la de preparar colecciones de pasajes bíblicos con un tema común y repetirlas a diario. Son profesiones de fe o confesiones preparadas con precisión para transformar algún aspecto de nuestras vidas.

Algunos ejemplos están incluidos en los apéndices siguientes. Pueden servir como un punto de partida para que usted prepare su propia colección.

Cada quién tiene una necesidad particular. Para preparar tu propia colección recomiendo comprar un libro de las promesas de Dios o buscar colecciones por internet. Hay colecciones que cubren todos los principales temas.

Apéndices

INTRODUCCIÓN A LOS APÉNDICES

E N LAS siguientes páginas encontrarán una serie de proclamaciones o "Credos." El Credo de los apóstoles es una proclamación de los fundamentos de nuestra fe; una proclamación de lo que todos creemos como cristianos.

Los apóstoles creyeron necesario proclamar las bases de nuestra fe en un credo general. También nosotros deberíamos hacerlo enfocando en áreas particulares de nuestras vidas y recitarlos como haríamos cualquier otra oración.

La diferencia del Credo con respecto a otras oraciones es que la mayoría de nuestras oraciones son peticiones, mientras que el Credo es una profesión de fe.

Ya hemos visto la importancia de proclamar la palabra de Dios. La palabra de Dios mezclada con nuestra fe obtiene poder y nos hace partícipes de la naturaleza divina; es decir, nos devuelve el dominio que Adán y Eva tenían originalmente y que Cristo ha recuperado para nosotros.

LOS CREDOS SIGUIENTES

Estas profesiones de fe tienen el poder de crear vida plena y de establecer límites. Todos tenemos situaciones diferentes, talentos diferentes, y llamados diferentes. Por eso es por lo que sugiero que cada persona desarrolle el suyo propio de acuerdo con sus necesidades.

He incluido varios tipos de credos en los Apéndices para que sirvan de modelo. No permitan que sus credos se conviertan en sólo una recitación de las promesas de Dios, sino que sea una apropiación personal de las mismas. Son promesas que hacemos nuestras a través de nuestra fe. No son apropiadas por la esperanza, sino por la fe que las toma y sabe que "obtendrá lo que dice." (Marcos 11:23)

Mucha gente me ha pedido que les prescriba oraciones ya hechas para que ellos puedan rezarlas, pero yo siempre insisto en que es más importante hablarle a Dios desde el corazón de cada persona, de acuerdo con su situación.

He incluido ejemplos de credos que podríamos usar de base para proclamaciones de fe en cuatro áreas específicas: la salud, las finanzas, la familia y nuestra unión con Cristo. Estas son las áreas para las que la gente nos pide más ministerio.

Todo aspecto de nuestras vidas está bajo el poder de nuestra lengua.

"Muerte y vida están bajo el poder de la lengua." (Proverbios 18:21)

Credo A:

ENVIÓ SU PALABRA Y ME SANÓ

SEÑOR, TÚ quieres que yo prospere y tenga buena salud, al igual que quieres que mi alma también prospere (III Juan 1:2). Tu amor por mí y tu deseo de verme próspero y saludable fueron tan fuertes que aceptaste la llamada del Padre para venir a ser cordero de sacrificio por mí (Juan 1:29).

Te alabo y te bendigo, Señor. Todo lo que conseguiste para mí lo hiciste a través de tu propio sacrificio y sufrimiento, para que al borrar mis pecados yo pudiera recibir también de ti la sanación total de mi alma y de mi cuerpo. Esa es la "verdad" sobre la que camino y por ello profeso que vivo una vida próspera y saludable.

Ciertamente llevaste mis enfermedades sobre ti y sufriste mis dolores. Fuiste herido por mi rebelión, triturado por mis pecados, y recibiste sobre ti el castigo que yo me merecía; y por tus llagas he sido sanado (Isaías 53 y I Pedro 2:24).

Yo no tengo que sufrir lo que tú ya tomaste sobre ti mismo y sufriste por mí.

PROCLAMANDO SALUD SOBRE MI CUERPO

En el nombre de Jesucristo el Nazareno, quien me invita a comer su cuerpo y beber su sangre para tener vida en mí (Juan 6:53), creo y confieso que mi Aparato Digestivo y mi Sistemas Endocrino y Excretor, y mi Aparato Reproductor son saludables. Todos sus órganos, glándulas, enzimas, y hormonas viven en un saludable equilibrio. Dios me ha prescrito el ayuno y ayunaré para someter mi cuerpo y así ofrecer esos pequeños sacrificios de abstinencia que también nuestra santísima Madre me pide ofrecer.

En el nombre de Jesús, que es mi torre de refugio y mi defensa (Proverbios 18:10), creo y confieso que mi Sistema Inmunitario es fuerte y conquista y destruye todos los ataques que recibe del mundo externo y del enemigo. Mi Sistema Tegumentario (mi piel, mi pelo, mis uñas) son también saludables y ayudan en la defensa de mi cuerpo.

En el nombre de Jesucristo, quien no me ha dado un espíritu de miedo ni de timidez, sino de poder, de amor, y de una mente sana (II Timoteo 1:7), creo y confieso que mi Sistema Nervioso funciona a la perfección y mi estabilidad psicológica es fuerte y sana. Que ningún problema nervioso o mental puede atacarme, pues yo tengo la mente de Cristo (I Corintios 2:16).

En el nombre de Jesús, quien sopla sobre mí y me da su Espíritu Santo (Juan 20:22), creo y confieso que mi Aparato Respiratorio rebosa del soplo de Dios y es saludable. Todos los órganos, cavidades y alvéolos pulmonares están limpios y mantienen las células de mi cuerpo bien oxigenadas.

En el nombre de Jesucristo, en quien yo vivo, me muevo y existo (Hechos 17:28), creo y confieso que mi Aparato Locomotor con sus Sistemas Muscular, Óseo, y Articular son fuertes, flexibles, y saludables. El Salmo 34:20 me recuerda que a Jesús no le rompieron ningún hueso, aún en medio de tanta tortura, así tampoco yo tendré huesos rotos, ni aún en mi vejez.

En el nombre de Jesucristo, cuya Sangre me lava de todo pecado (I Juan 1:7), creo y confieso que mi Aparato Circulatorio y mis Sistemas Cardiovasculares y Linfáticos han sido purificados y sanados por la preciosísima Sangre del Cordero de Dios y que llevan la fortaleza del Sagrado Corazón de Jesús. Todos los órganos, tejidos, nódulos y capilares son saludables y mi presión arterial es normal.

Señor Jesús, momentos antes de morir por mi dijiste, "Todo está consumado" (Juan 19:30). Y también antes de ir a tu calvario le dijiste a Dios Padre, "He completado el trabajo que me diste por hacer" (Juan 17:4). Por eso creo y confieso que ya me has dado una vida de abundante salud y fortaleza. Tú ya pagaste el precio de mi sanación y no hay enfermedad ni debilidad alguna que tenga derecho a existir en mí. Me declaro sano en tu nombre, Jesús, y camino en perfecta salud porque ya he entrado a esa tierra prometida.

PODER SOBRE LA OPRESIÓN DEL DEMONIO

Jesús, tú fuiste ungido con el Espíritu Santo y Poder y fuiste haciendo el bien y sanando a todos los oprimidos por el demonio (Hechos 10:38), y me has ungido a mí con tu Espíritu Santo y Poder como lo prometiste al decir, "Recibirán poder una vez que el Espíritu Santo haya venido sobre ustedes" (Hechos 1:8). Tu Espíritu y tu Poder están sobre mí.

Más aún, me has dado autoridad para pisotear serpientes y escorpiones y por sobre todo el poder del maligno, y nada podrá de ninguna manera hacerme daño (Lucas 10:19).

En el nombre de Jesús el Nazareno, ordeno con la autoridad que él me ha dado que toda opresión demoníaca que haya en mi cuerpo tratando de enfermarme, debilitarme, o distraerme se vaya inmediatamente. Ninguna opresión demoníaca tiene derecho sobre mi cuerpo. ¡Fuera de mí!

Jesús dijo, "El príncipe de este mundo viene y no tiene nada en mí," así yo también, como miembro de su cuerpo, en el nombre de Jesús reprendo (mencione aquí cualquier enfermedad(es) ya presente en su cuerpo) y le digo que no tiene lugar en mí. En el nombre de Jesús, ¡Fuera de mí!

No existe enfermedad incurable para Jesús. Él ya las curó todas y ninguna tiene derecho en mí. Por las llagas de Jesús he sido sanado de toda enfermedad (I Pedro 2:24). Ésa es la verdad que me hace libre y saludable (Juan 8:32). Profeso que ni resfriados, ni cáncer, ni asma, ni alergias, ni diabetes, ni influenza, ni lupus, ni polio, ni ninguna otra enfermedad puede vivir en mí. Me declaro libre de todas ellas.

SEÑOR, TUYO ES EL REINO, EL PODER Y LA GLORIA

Alabado seas tú, Dios Padre Omnipotente, porque mandaste tu palabra y me sanaste (Salmo 107:20)

Alabado seas Cordero de Dios, que pasaste por el mundo haciendo el bien y sanando a todos los oprimidos por el demonio, porque Dios Padre esta siempre contigo (Hechos 10:38).

Y alabado seas tú, Espíritu Santo Paráclito, pues tú que resucitaste a Jesús de entre los muertos también das vida a mi cuerpo mortal (Romanos 8:11) y me mantienes en perfecta salud.

¡Amén!

Credo B:

QUIERO QUE PROSPERES

S EÑOR MI Dios, mi corazón se aferra a ti y te busca
siempre como un ciervo sediento busca el agua que
le da vida (Salmo 42:1). Yo me deleito en ti, Señor,
y tú me das los deseos de mi corazón (Salmo 37:4).

Me acuerdo constantemente de ti. Tú me das la fuerza
y el poder para hacer riquezas a fin de confirmar tu pacto,
que bajo juramento prometiste a mis padres de la fe. Así

lo confirmas hoy conmigo (Deuteronomio 8:18).

Tú conoces todas mis necesidades y me pides que no me preocupe por ellas, sino que busque primero el reino de Dios y su justicia y todo lo demás se me dará por añadidura (Mateo 6:33). Por eso pongo en las manos del Señor todas mis preocupaciones y mis finanzas porque él se preocupa por mí (I Peter 5:7).

Tú me bendices abundantemente y provees generosamente para satisfacer todas mis necesidades; para que teniendo suficiencia en toda cosa a todo tiempo yo pueda abundar en buenas obras por el bien de tu Iglesia (II Corintios 9:8).

TÚ ME HACES PROSPERAR

Así dice el Señor, mi Redentor, el Santo de Israel, "Yo soy Yahvé, tu Dios, quien te enseña a prosperar, quien te encamina por el camino que debes ir" (Isaías 48:17). Gracias por esa luz que me guía día a día a la prosperidad y gracias porque en todas las cosas he sido enriquecido en Ti: en toda palabra y en toda ciencia (I Corintios 1:5).

Jesús, yo conozco la gracia y la generosidad que vienen de Ti, porque aun siendo Tú tan rico, te hiciste pobre por amor a mí, para que yo a través de tu pobreza fuese enriquecido con las riquezas que te pertenecen a Ti como herencia (II Corintios 8:9). Por eso profeso que mi Dios siempre suplirá todas mis necesidades de acuerdo con sus riquezas y generosidad en Cristo Jesús (Filipenses 4:19).

Mi amado Señor, tú deseas por sobre todas las cosas

que yo prospere y tenga salud, así como prospera mi alma
(III Juan 1:2). Tú me haces prosperar en todas las áreas
de mi vida.

Dejaré que Dios me guíe y me centraré en lo que él
ponga en mi corazón. No perseguiré demasiadas cosas,
porque no las alcanzaría. Hay quien se esfuerza, se fatiga
y se apura, y aun así empobrece. Otro puede ser débil,
necesitado de ayuda, falto de fuerza y lleno de priva-
ciones, pero el Señor lo mira con bondad, lo levanta de
su humillación, y yergue su cabeza para admiración de
muchos (Eclesiástico 11:10-13).

MIS PRIMEROS FRUTOS

Tú, Señor, eres mi Dios y ocupas el lugar más importante en mi vida. Llevaré los primeros frutos de mi labor
y los plantaré en tu Iglesia. Traeré todo el diezmo a tus
bodegas para que haya alimento en tu casa. En eso tú
pruebas mi fe, pero me pides que yo también te ponga a
prueba a ti, para ver cómo abres las ventanas de los cielos
y derramas sobre mi tal cantidad de bendiciones que no
tengo espacio para recibirla. Tú reprendes al maligno por
mí, para que no destruya el producto de mi labor, ni de
sus frutos antes de tiempo. Se me llamará bienaventurado
porque seré una tierra de gozos (Malaquías 3:10).

Daré, y se me dará, pues con la misma medida que yo
mida se me medirá a mí. (Lucas 6:38). Ayúdame, Señor a
ser generoso como Tú, pues el que siembra escasamente,
también cosechará escasamente, y el que siembra generosamente, también cosechará generosamente. Tú puedes

hacer que toda gracia abunde en mí, para que teniendo siempre todo lo suficiente en todas las cosas, abunde también para hacer buenas obras (II Corintios 9:6-10). Quitaré el yugo opresor, el dedo acusador, y el hablar vanidoso. Daré mi pan al hambriento y saciaré al alma afligida. Entonces llamaré, y el Señor me contestará; clamaré y él me dirá: "Heme aquí;" entonces nacerá mi luz en la oscuridad, y mi oscuridad será como el medio día. Yahvé será siempre mi Pastor, saciará mi alma en la sequía y en el desierto, y fortalecerá mis huesos. Seré como un huerto irrigado y como un manantial cuyas aguas nunca faltan. Y se reedificarán mis ruinas antiguas; yo levantaré los cimientos de muchas generaciones, y seré llamado "reparador" de lo que fue violado y "restaurador" de caminos cotidianos. Respetaré el día de descanso y será mi delicia venerar al Señor. Él me hará subir las alturas de la tierra y me dará de comer la herencia prometida de Jacob, como Yahvé lo ha prometido (Isaías 58:9-14).

"¡MUÉVETE!"

Señor, tú me dices que, si yo tengo fe como un grano de mostaza, yo puedo decirle hasta a un árbol o a una montaña, muévete y se moverá y que nada será imposible para mí (Mateo 17:20 y Lucas 17:6).

Hablo a la montaña de deudas acumuladas y le digo: ¡En el nombre de Jesús, muévete y vete de mi vida para siempre! Todos los balances de tarjetas de crédito, de préstamos personales, préstamos para vehículos, y cualquier hipoteca muévanse váyanse ya de mi vida. El Señor se ha ocupado de pagar mis deudas rápidamente, pues su deseo es que yo no le deba nada a nadie (Romanos 13:8).

Jesús, tu clavaste en tu cruz toda ley escrita y toda demanda legal que pueda estar contra mi o mi familia y la has borrado de nuestras vidas (Colosenses 2:14). Reprendo y digo: muévete a toda demanda legal que el enemigo quiera traer contra nosotros o contra nuestras empresas o nuestras posesiones y la declaro nula.

En el nombre de Jesucristo el Nazareno, proclamo que el Señor ha hecho abundantes provisiones para mí y que ha dado a sus ángeles el ministerio de ayudarme a recibir sus bendiciones. Le digo a la necesidad y a la pobreza: muévanse y váyanse de mi vida para siempre. Pido a los ángeles en el nombre de Jesús que vayan, procuren y traigan las provisiones que Dios ha hecho por nosotros.

A cualquier ataque indirecto a mis finanzas a través de enfermedades, o ataques a nuestros hijos, o a nuestros autos, o a cualquiera de nuestras empresas o posesiones le digo: muévete y vete. Te declaro nulo. Le pido a los ángeles que detengan los ataques del maligno que intentan destruir, robar y matar (Juan 10:10). No hay arma formada contra nosotros que pueda prosperar (Isaías 54:17).

Señor Jesús, Tú has restaurado la autoridad que Adán tenía desde el principio de la creación. Así como Tú sostienes todas las cosas con la palabra de tu poder (Hebreos 1:3), así también yo sostengo y dirijo mi mundo con palabras que profesan con fe lo que Tú has hecho por mí y por mi familia.

En el nombre de Jesús proclamo que la bendición de Dios está sobre mí y que él me ayuda a prosperar (Proverbios 10:22). Mis cuentas bancarias serán como graneros rebosantes de provisiones. Dios me provee abundante semilla para sembrar y abundante pan para comer, e incrementa en mí los frutos de justicia (Isaías 55:10 y Colosenses 9:10).

En el nombre de Jesús, proclamo que en la casa de Dios Padre hay muchas mansiones y que Jesús ha preparado un lugar para nosotros en el cielo (Juan 14:2). También su voluntad se hace aquí en la tierra como en el cielo y nos ha preparado un lugar aquí y donde él nos mande.

Señor y Dios mío, tú me has dejado tu abundante herencia. Tú continuamente le recordabas a tu pueblo Israel a transmitir su herencia a sus hijos. Yo también dejaré una herencia para mis descendientes (Proverbios 13:22) y los instruiré a vivir sabiamente y a hacer lo mismo.

La bendición de Dios me hace rico y no añade ninguna labor penosa con ella (Proverbios 10:22). Aunque Adán, en su pecado, tuvo que ganarse el pan con el sudor de su frente, y aunque sus cosechas produjeran espinas (Génesis 3:17-19), tú, Jesús, sudaste sangre por nosotros y tu frente fue penetrada por espinas. En tus sufrimientos nos redimiste del pecado y desligaste tu bendición del sudor de nuestras frentes. Ahora nos haces prosperar porque nos amas, no porque sudemos o porque lo merezcamos.

Mi trabajo es también un don tuyo y uno de los medios que usas para bendecirme y yo hago mi trabajo como si trabajara para ti. Sin embargo, tu bendición no depende de mi trabajo, sino de tu amor generoso. Tú quieres que yo are mi propia tierra, en vez de arar tierra ajena y quieres que invierta mis propios talentos, y no que otros los inviertan por mí.

Tu Espíritu es mi Guía y Maestro; Él es mi ayuda y mi consuelo. Él es ese Espíritu de Adopción por el cual yo te puedo llamar, "Padre." Tú me haces coheredero con Cristo.

Bendito seas Cordero de Dios, pues has quitado mis pecados y has restaurado mi relación con Dios. Todo lo puedo en ti, Jesús. Tú me fortaleces (Filipenses 4:13). ¡Amén!

Credo C:

TÚ Y TU FAMILIA SE SALVARÁN

Santísima trinidad, Dios verdadero, cuyas tres personas viven en tan total unidad, Tú hablaste y todo fue creado. Luego formaste al hombre y le soplaste tu vida dándole en ese aliento tu semilla trinitaria (Génesis 2:7).

Tú eres el ejemplo que nos das para vivir unidos. Jesús, en su oración sacerdotal antes de su pasión, te pidió que nos hicieras participar en esa unidad diciendo: "Y la dignidad que tú me diste yo se las he dado a ellos, para que ellos sean uno, así como nosotros somos uno: yo en ellos, tú en mí, para que ellos se hagan perfectos en uno; y que el mundo sepa que tú me has enviado, y los has amado a ellos, al igual que me has amado a mí (Juan 17:22-23).

Señor Jesús, esa unidad por la que tú oraste, yo la pido para mi familia y la acepto como nuestra, para que también nosotros vivamos unidos sin dar lugar a discordias que quieran separarnos. Nos respetaremos mutuamente, pues hemos sido hechos a tu imagen y semejanza (Génesis 1:26) y tu Espíritu Santo vive en nosotros.

Dios nuestro, tú dijiste que no es bueno estar solo y tú mismo sacaste del costado del hombre una compañera propicia para él (Génesis 2:18,22). Yo sé que también a mí me has preparado la compañía propicia para mí en la pareja que ya me has dado, o en la pareja que espero. Te doy gracias por eso. Tú conoces nuestras fallas y te pido que nos ayudes a corregirlas.

Finalmente, nos prometes que, si ponemos toda nuestra confianza en ti, tanto nosotros como nuestra familia entera se salvará (Hechos 16:31) Por eso montamos sobre el arca de nuestra fe a nuestros hijos, hermanos y padres, para que los cubras y protejas bajo la sombra de tus alas. (Salmo 17:8)

SI NO TENEMOS ES PORQUE NO PEDIMOS

Has dicho en tu palabra que si no tenemos es porque no te pedimos (Santiago 4:2). Que tus ángeles sean mis testigos este día que te estoy pidiendo unidad, amor, paz y concordia para mi familia. Que tus ángeles sean mis testigos que te pido que rodees a mis hijos y a nosotros con tu fe, tu esperanza y tu amor (I Corintios 13:13); y que te pido que seas nuestra torre de protección donde siempre podamos refugiarnos (II Samuel 22:3).

Tú me has dado poder para pisotear serpientes y escorpiones y por sobre todo el poder del enemigo y nada podrá de manera alguna hacerme daño (Lucas 10:19). Por eso proclamo que ningún ataque del enemigo tiene poder alguno contra mi familia. No hay arma formada contra nosotros que pueda prosperar y no hay lengua que pueda levantarse contra algún miembro de mi familia pues será severamente juzgada (Isaías 54:17).

Proclamo que Jesús es la verdad de nuestra vida y que la verdad nos hace libres (Juan 8:32). Ningún vicio, ni ninguna obsesión puede prosperar en nosotros o en nuestros hijos: ni el alcoholismo, ni la drogadicción, ni la adicción a las nuevas tecnologías, ni la pornografía, ni la desviación sexual, ni la violencia tienen poder alguno sobre nosotros o sobre nuestros hijos y les ordeno que se vayan lejos de nuestras vidas.

Jesús, Tú nos dices que, si tenemos fe como un granito de mostaza, podemos decirle a un árbol o a una montaña que se muevan y se moverán (Mateo 17:20 y Lucas 17:6).

También me dices que resista al demonio y que el demonio tendrá que huir de mí (Santiago 4:7). Por eso yo le ordeno a todo ataque satánico que esté afectando a mi familia que se vaya inmediatamente de nuestras vidas y que no regrese nunca más.

Espíritu de división, en el nombre de Jesús el Nazareno, ato tu poder y te ordeno que te muevas y te vayas para siempre. Dios nos dio su Espíritu Santo para fortalecer nuestra unidad matrimonial.

(mencione aquí cualquier ataque que esté sufriendo usted, su esposo(a), o sus hijos) en el nombre de Jesús el Nazareno, ato tu poder; muévete y vete para siempre. Te resisto, te digo que no tienes ninguna autoridad sobre mi voluntad ni sobre la de mi familia. Cualquier derecho legal que hayas tenido para atacarnos queda crucificado en la cruz de Cristo y anulado, pues Cristo nos ha redimido de toda maldición (Gálatas 3:13).

Credo D:

CRISTO EN MÍ, MI ESPERANZA DE GLORIA

SEÑOR, TÚ eres el Cordero de Dios que quita el pecado del mundo (Juan 1:29). El sacrificio que Dios Padre ofrecio por mi.

En tu pasión y muerte, eran mis males los que cargabas y mis dolores los que soportabas. Por mí, fuiste azotado, herido de Dios y humillado. Herido por mis rebeldías, molido por mis culpas, soportaste el castigo que me trae la paz y por tus llagas he sido sanado. Yahvé descargó sobre ti toda mi culpa. Como un cordero fuiste llevado al degüello, y como una oveja a la que trasquilan está muda, así tampoco tú abriste tu boca. Fuiste arrancado de la tierra de los vivos para pagar por mis pecados (Isaías 53:4-8).

Gracias, Señor mi Dios, por dar tu vida por mí y por salvarme. Tan lejos como el oriente está del occidente, así alejaste de mí mis pecados (Salmo 103:12).

EN CRISTO

Yo ahora vivo en Cristo y soy una creatura nueva. Las cosas viejas ya pasaron y todo se ha vuelto nuevo (II Corintios 5:17). Yo ya estoy muerto al pecado, pues habiendo sido bautizado en Cristo, he sido bautizado en su muerte, y así como Cristo fue levantado de la muerte a la vida por la gloria del Padre, así también yo camino en una vida nueva (Romanos 6:3-4).

Por eso, ya no hay condenación para mí, pues vivo en Cristo Jesús y camino, no siguiendo a la carne, sino siguiendo al Espíritu. Pues la ley del Espíritu de vida en Cristo Jesús me ha liberado de la ley del pecado y de la muerte (Romanos 8:1-2).

Dios está conmigo, ¿quién podrá contra mí? El que no perdonó a su propio Hijo, sino que lo entregó por mí, ¿cómo no me dará con él generosamente todas las cosas? ¿Quién acusará a un elegido de Dios? Dios es quien me justifica. ¿Quién me condenará? ¿Acaso Cristo Jesús, el que murió por mí; y más aún, el que resucitó, el que está a la derecha de Dios, e intercede por mí? ¿Quién me separará del amor de Cristo? ¿La Tribulación? ¿la angustia?, ¿la persecución?, ¿el hambre?, ¿la desnudez?, ¿los peligros?, ¿la espada?, como dice la Escritura, 'Por tu causa nos matan todo el día; nos tratan como ovejas destinadas al matadero.' Pero en todo esto soy más que vencedor gracias a aquel que me amó. Pues estoy seguro de que ni la muerte, ni la vida, ni los ángeles, ni los principados, ni lo presente, ni lo futuro, ni las potestades, ni la altura, ni la profundidad, ni ninguna otra criatura podrá separarme del amor de Dios manifestado en Cristo Jesús, mi Señor (Romanos 8:31-39).

Dios Padre me escogió de entre los débiles del mundo para confundir a los fuertes. De él viene que yo esté en Cristo Jesús, al cual Dios hizo que fuese para mí sabiduría de Dios, justicia, santificación y redención (I Corintios 1:27-30).

Le doy gracias a Dios que siempre me hace triunfar en Cristo Jesús. Él manifiesta el aroma de su presencia a través de mí dondequiera que yo voy, pues siempre está a mi lado (II Corintios 2:14).

Dios, quien ordenó a la luz que brillara en las tinieblas, ha brillado en mi corazón, para darme la luz del conocimiento de la gloria de Dios en el rostro de Jesucristo (II Corintios 4:6).

Mi justicia no viene de mis trabajos sino de mi fe en Jesucristo, pues ningún hombre puede ser justificado por sus obras, sino por su fe (Gálatas 2:16).

Yo he sido crucificado con Cristo, y sin embargo vivo; pero ya no soy yo quien vive, es Cristo que vive en mí, y la vida que ahora vivo en la carne, la vivo por mi fe en el Hijo de Dios, quien me amó y dio su vida por mí. (Gálatas 2:20).

FIN

NOTAS

COLOFÓN

Diseñado por Inter Mirifica Media, Inc. utilizando Adobe®
InDesign.®

Los tipos de letra utilizados son Adobe Caslon Pro para el
texto del cuerpo y Clarendon para los títulos de los capítulos.

www.ingramcontent.com/pod-product-compliance
Lightning Source LLC
Chambersburg PA
CBHW060507030426
42337CB00015B/1785